Vorwort

So arbeitest du mit der Grammatik

Du willst die Regeln der englischen Sprache auf einfache und verständliche Weise erlernen oder wiederholen, du möchtest zu speziellen Fragen aber auch schnell und gezielt nachschlagen können.

Diese **Grammatik** bietet dir eine **übersichtliche Darstellung** der aktuellen englischen Sprache in Nordamerika und Großbritannien. Die Regeln werden anhand **zahlreicher englischer Beispielsätze** mit deutschen Übersetzungen veranschaulicht.

Die **Grammatik** warnt vor typischen Fehlern, die gerade deutschsprachigen Englischlernenden häufig passieren.

Bei der Arbeit mit dieser Grammatik helfen dir die folgenden Symbole:

Hier wird auf eine **Regel** oder eine **Besonderheit** hingewiesen, die man nicht übersehen sollte.

Kleine **Tipps** verraten dir an dieser Stelle, wie du dir die Regeln besser merken kannst.

Hier werden Unterschiede zwischen dem Deutschen und dem Englischen aufgezeigt, die du besonders beachten solltest.

Hier findest du **Hinweise** auf Unterschiede zwischen britischem Englisch (BE) und amerikanischem Englisch (AE).

▶ Hier wird auf ein anderes Grammatikkapitel verwiesen, z. B. ▶ Kapitel Verbs – Verben.

Wenn du etwas gezielt nachschlagen willst, führt dich das **ausführliche Stichwortregister** im Anhang schnell zur richtigen Stelle. – So hast du mit diesem Kapitel die Antworten auf die häufigsten Fragen zur englischen Grammatik immer griffbereit.

Viel Spaß und Erfolg!

Erklärung

Erklärung der Grammatikbegriffe

Englisch	Fachausdruck	Bedeutung
active	Aktiv	Tätigkeitsform
adjective	Adjektiv	Eigenschaftswort
adverb	Adverb	Umstandswort
article	Artikel	Begleiter
auxiliary	Hilfsverb	Hilfs-Tätigkeitswort
conjunction	Konjunktion	Bindewort
consonant	Konsonant	Mitlaut
demonstrative pronoun	Demonstrativpronomen	hinweisendes Fürwort
future	Futur	Zukunft
gerund	Gerundium	ing-Form
imperative (form)	Imperativ	Befehlsform
imperfect (tense)	Imperfekt	einfache Vergangenheit
infinitive	Infinitiv	Grundform des Verbs
intransitive verb	intransitives Verb	Tätigkeitswort ohne Akkusativobjekt
noun	Nomen, Substantiv	Hauptwort
object	Objekt	Ergänzung
participle	Partizip	Mittelwort
passive	Passiv	Vorgangsform des Verbs
perfect (tense)	Perfekt	vollendete Gegenwart
personal pronoun	Personalpronomen	persönliches Fürwort
phrasal verbs	Partikelverb	Verb mit zusätzlichem Element
plural	Plural	Mehrzahl
possessive (pronoun)	Possessivpronomen	besitzanzeigendes Fürwort
preposition	Präposition	Verhältniswort
present (tense)	Präsens	Gegenwart
progressive (tense)	Kontinuativ	Verlaufsform/be + ing-Form
pronoun	Pronomen	Fürwort
reflexive pronoun	Reflexivpronomen	rückbezügliches Fürwort
relative pronoun	Relativpronomen	bezügliches Fürwort
singular	Singular	Einzahl
subject	Subjekt	Satzgegenstand
transitive verb	transitives Verb	Tätigkeitswort mit Akkusativobjekt
verb	Verb	Tätigkeitswort
vowel	Vokal	Selbstlaut

Inhalt

Inhaltsverzeichnis

So arbeitest du mit der Grammatik	3
Erklärung der Grammatikbegriffe	4

1 Verbs – Verben — 8

Full Verbs – Vollverben — 8
Transitive und intransitive Verben — 8
Regelmäßige und
  unregelmäßige Verben — 8

Tenses – Zeitformen — 9
Einfache Formen — 9
  Simple Present — 9
  Simple Past — 10
Zusammengesetzte Formen — 12
  Progressive — 12
  Perfect Tenses — 12
  Future — 13
  Passive Forms — 13
Used to — 13
Anwendung der verschiedenen Formen — 14
  Simple Present & Present Progressive — 14
  Present Perfect — 14
  Present Perfect and Simple Past — 15
  Simple Past and Past Progressive — 16
  Past Perfect — 17
  Wie man über die Zukunft spricht — 17
  Zukunft in der Vergangenheit — 18
  Passiv — 19

Auxiliaries – Hilfsverben — 21
Unentberliche Hilfverben — 21
Ja-Nein-Fragen — 21
Verneinung — 22
Kurzantworten — 23
Question Tags — 24

Modal Verbs – Modalverben — 24
Formen — 24
Fehlende Formen und Alternativen — 26
Verneinte Formen — 26
Gebrauch im Satz — 27
Sonderfunktionen der Modalverben — 27
Höflichkeitsformen — 28
Besondere Verben — 29
Be — 29
There is/There are — 30
Have und have got — 31
  Have mit und ohne Hilfsverb — 31
  Weitere Bedeutungen von have — 32
Do — 32
Get — 33
Be used to und get used to — 33
The Gerund – Gerundium — 34

2 Prepositions – Präpositionen — 35

Zeitangaben — 35
Ortsangaben — 37
Richtung und andere Bedeutungen — 38
Komplexe Präpositionen — 41

3 Phrasal Verbs
zusammengesetzte Verben — 42

Allgemeines — 42
Kombinationsmöglichkeiten — 43
Verb+Partikel — 43
Verb+Partikel+Objekt — 43
Verb+Präposition+Objekt — 44
Verb+Partikel+Präposition+Objekt — 45

Inhalt

4 *Nouns* – Substantive   46

Groß- und Kleinschreibung   46
The Plural – die Mehrzahl   46
Possessive – besitzanzeigende Form   48
Zählbare und nicht
   zählbare Substantive   50
Pair Nouns – Paarbegriffe   51
Proper Names: Titles –
   Eigennamen: Titel   52

5 *Pronouns* – Fürwörter   53

Personal Pronouns –
   Personalpronomen   53
Subject Pronouns   53
Object Pronouns   54
Possessive Forms –
   Possessivformen   55
Possessivbegleiter   55
Possessivpronomen   56
Wenn es mal unpersönlich wird   56
Reflexive Pronouns –
   Reflexivpronomen   57
Reflexiver Gebrauch   58
Verstärkender Gebrauch   58
Wechselseitige Beziehung   58
Demonstrative Forms –
   Demonstrativformen   60
Weitere Pronomen   60
All – alles, alle   60
Both – alle beide   61
Each – jedes, jeder, je   62
One – eines   63
None – keins, keiner   63
Either und *neither*   64
Some   64
Any   65

6 *Articles and Related Words* –
   Artikel und verwandte Wörter   66

Der unbestimmte Artikel   66
Der bestimmte Artikel   68
Demonstrativbegleiter   69
Andere artikelähnliche Wörter   70

7 *Quantities and Measurements* –
   Mengen- und Maßangaben   73

Fragen   73
Much/many   74

8 *Adjectives* – Adjektive   76

Allgemeine Bemerkungen   76
Steigerungsformen   77
Steigerung mit *more* und *most*   78
Adjektive und Substantive   79
Adjektive nach Verben   80
Good – well   80
Own   80
Vergleiche   81
Vergleiche mit *than*   81
Vergleiche mit *as … as*   82
„Am meisten"   82
Allgemeine Fragen   83
Fragen mit Verben der
   Sinneswahrnehmung   84

Inhalt

9 *Adverbs* – Adverbien	**85**
Der Unterschied zwischen	
Adjektiven und Adverbien	**85**
Die Bildung von Adverbien	**85**
Wichtige Ausnahmen	86
Well	*87*
Adjektive mit der Endung -ly	87
Probably – more/most likely	*88*
Friendly	*88*
Home	*88*
Die Steigerung der Adverbien	**89**
Adverbien im Satz	**90**

10 *Coordinating Conjunctions –*	
Bindewörter	**92**
And, but und *or*	**92**
Verbindung von Hauptsätzen	92
Verbindung von anderen Satzteilen	92
Both … and, either … or	
und *neither … nor*	**93**

11 *Sentence Structure* – Satzbau	**94**
Der Aussagesatz	**94**
Vor dem Verb	94
Nach dem Verb	94
Indirekte Fragesätze	**95**
Ob-Fragen	95
***Indirect Speech* – Indirekte Rede**	**96**
Zeitanpassung	96
Modalverben in der indirekten Rede	97
Pronomen in der indirekten Rede	97
Adverbiale Nebensätze	**97**
Adverbien und adverbiale Nebensätze	97
Konditionalsätze	98
Verbformen mit *if*-Sätzen	98
Weitere adverbiale Nebensätze	100
Infinitivsätze	**101**
Adverbialer Gebrauch	102

ing-Sätze	**102**
Verben, nach denen eine	
ing-Form steht	103
Let, have* und *make	**106**
Let – erlauben, zulassen	106
Have – veranlassen,	
in Auftrag geben	107
Make – veranlassen, zwingen	107

12 Fragewort–Fragen	**108**
Die englischen Fragewörter	**108**
Fragen mit Fragewörtern	**108**
Indirekte Fragesätze	**110**

13 *Relative Clauses* – Relativsätze	**111**
Kommaregel für Relativsätze	**111**
Relative Pronouns –	
Relativpronomen	**112**
That	**114**
Ohne Pronomen oder *that*	**114**
***Free Relatives* – freie Relativsätze**	**115**

14 *Negation* – Verneinung	**117**
Wörter mit negativer Bedeutung	**117**
***Any* in verneinten Sätzen**	
und bei Fragen	**117**

15 *Glossary* – Glossar	**118**
Stichwortregister	**121**

7

Verben

1 *Verbs* – Verben

Full Verbs – Vollverben

Transitive und intransitive Verben

Viele Verben benötigen im Satz mindestens *ein* Objekt, also eine Ergänzung. Solche Verben nennt man **transitive** Verben:

Anne likes dogs.	*Anne mag Hunde.*
Peter kissed Mary.	*Peter küsste Mary.*

Oft werden auch *zwei* Objekte benötigt:

Jeremy wrote me a letter.	*Jeremy schrieb mir einen Brief.*
Paul gave me a book.	*Paul gab mir ein Buch.*

Als **intransitive** Verben bezeichnet man dagegen Verben, die kein Objekt benötigen:

Anne slept.	*Anne schlief.*
The children cried.	*Die Kinder weinten.*

Manche Verben können sowohl transitiv als auch intransitiv gebraucht werden:

John is reading a book.	*John liest gerade ein Buch.*
John is reading.	*John liest gerade.*

Regelmäßige und unregelmäßige Verben

Bei **regelmäßigen Verben** braucht man nur den Infinitiv (die Grundform), um alle anderen Formen abzuleiten, da einfach ein **-ed** angehängt wird.

1. FORM/INFINITIVE	2. FORM/SIMPLE PAST	3. FORM/PAST PARTICIPLE
(to) **call**	called	called
(to) **kiss**	kissed	kissed

Bei **unregelmäßigen Verben** muss man alle Formen lernen, da sich das **Simple Past** bzw. **Past Participle** nicht ableiten lassen:

1. FORM/INFINITIVE	2. FORM/SIMPLE PAST	3. FORM/PAST PARTICIPLE
(to) **sing**	sang	sung
(to) **see**	saw	seen

(▶ Liste der wichtigsten unregelmäßigen Verben ab S.12.)

Zeitformen

Tenses – Zeitformen

Einfache Formen

Allein die einfache Gegenwart (Simple Present) und die einfache Vergangenheit (Simple Past) werden ohne Hilfsverb gebildet:

› Simple Present – **Einfache Gegenwartsform**

Das Simple Present ist bei fast allen Verben in allen Personen außer der dritten (**he/she/it**) gleich dem Infinitiv (der Grundform). Vollverben in Sätzen mit Subjekten in der dritten Person haben in der Regel ein **-s** am Ende.

I like **hairy spiders.**	*Ich mag haarige Spinnen.*
You need **a haircut.**	*Du musst zum Friseur.*
He/She watches **TV every night.**	*Er/Sie sieht jeden Abend fern.*
Theresa prefers **black tea.**	*Theresa bevorzugt schwarzen Tee.*
Tom and Martha want **a new car.**	*Tom und Martha wollen ein neues Auto.*

Lediglich bei den Hilfsverben (auxiliary verbs) **be** und **have** und den Modalverben (modal verbs) **may, can, will, should** usw. gibt es Abweichungen: (▶ **Auxiliaries**-Hilfsverben)

BE *(sein)*	
I am **tired.**	*Ich bin müde.*
You are **tired.**	*Du bist müde.*
He/she/it is **boring.**	*Er/Sie/Es ist langweilig.*
Ballet is **boring.**	*Ballett ist langweilig.*
Peter, Paul and Mary are **here.**	*Peter, Paul und Mary sind hier.*

HAVE *(haben)*	
I have **a motorbike.**	*Ich habe ein Motorrad.*
You have **a nice jacket.**	*Du hast eine hübsche Jacke.*
Mary-Jane has **a flat tire.**	*Mary-Jane hat einen Platten.*
They have **a dog.**	*Sie haben einen Hund.*

Die Modalverben (▶ **Modal Verbs**-Modalverben) haben bei allen Personen immer die gleiche Form:

I/you/he/she/it/they may **be here now.**	*Ich/Du/Er/Sie/Es könnte jetzt hier sein.*

Verben

› Simple Past – Einfache Vergangenheitsform

Bei der regelmäßigen Form des Simple Past fügt man **-ed** ans Ende des Infinitivs. Dies gilt für jedes Subjekt, d. h. alle Personen.

I wanted a new bike.	*Ich wollte ein neues Fahrrad.*
Peter kissed Mary yesterday.	*Peter hat gestern Mary geküsst.*

Die unregelmäßigen Verben sind im Simple Past auch für alle Personen gleich.

I went to the cinema last week.	*Ich bin letzte Woche ins Kino gegangen.*
Mark went to the zoo yesterday.	*Mark ist gestern in den Zoo gegangen.*

Hier ist eine Liste der wichtigsten unregelmäßigen Verben. Am besten lernst du gleich das Past Participle mit, denn das braucht man zur Bildung von anderen Zeiten, wie z. B. dem Present Perfect (S. 12 f.).

INFINITIVE	SIMPLE PAST	PAST PARTICIPLE	ÜBERSETZUNG
be	was	been	*sein*
begin	began	begun	*beginnen*
bring	brought	brought	*bringen*
buy	bought	bought	*kaufen*
catch	caught	caught	*fangen, erwischen*
choose	chose	chosen	*auswählen*
come	came	come	*kommen*
cost	cost	cost	*kosten*
cut	cut	cut	*schneiden*
do	did	done	*tun, machen*
drink	drank	drunk	*trinken*
drive	drove	driven	*fahren*
eat	ate	eaten	*essen*
fall	fell	fallen	*(hin)fallen*
feel	felt	felt	*(sich) fühlen*
fly	flew	flown	*fliegen*
forget	forgot	forgotten (UK) forgot (US)	*vergessen*
get	got	got (UK), gotten (US)	*kriegen, werden*
give	gave	given	*geben, schenken*
go	went	gone	*(hin)gehen*
have	had	had	*haben*
hear	heard	heard	*hören*
keep	kept	kept	*behalten*

Unregelmäßige Verben

INFINITIVE	SIMPLE PAST	PAST PARTICIPLE	ÜBERSETZUNG
know	knew	known	*wissen, kennen*
leave	left	left	*weggehen, verlassen*
lend	lent	lent	*ausleihen*
lose	lost	lost	*verlieren*
make	made	made	*machen*
pay	paid	paid	*(be)zahlen*
put	put	put	*stellen, (hin)legen*
read	read	read	*lesen*
ride	rode	ridden	*reiten, (mit)fahren*
ring	rang	rung	*läuten, klingeln*
run	ran	run	*laufen*
say	said	said	*sagen*
see	saw	seen	*sehen*
sell	sold	sold	*verkaufen*
sing	sang	sung	*singen*
sit	sat	sat	*sitzen*
sleep	slept	slept	*schlafen*
take	took	taken	*(mit)nehmen*
teach	taught	taught	*lehren, unterrichten*
tell	told	told	*erzählen, sagen*
think	thought	thought	*denken, glauben*
write	wrote	written	*schreiben*

 Es gibt eine Reihe von Verben, die im Amerikanischen regelmäßig (also mit **–ed**) gebildet werden, im britischen Englisch jedoch nicht:

INFINITIVE	SIMPLE PAST	PAST PARTICIPLE	ÜBERSETZUNG
dream	**dreamt** (UK) **dreamed** (US)	**dreamt** (UK) **dreamed** (US)	*träumen*
lean	**leant**	**leant**	*(sich) anlehnen*
learn	**learnt**	**learnt**	*lernen*
spell	**spelt**	**spelt**	*buchstabieren*
spill	**spilt**	**spilt**	*verschütten*
spoil	**spoilt**	**spoilt**	*verderben, verwöhnen*

Das einzige Verb, wo dies umgekehrt passiert, ist **to dive**:

INFINITIVE	SIMPLE PAST	PAST PARTICIPLE	ÜBERSETZUNG
dive	**dove** (US) **dived** (UK)	**dived** (US) **dived** (UK)	*tauchen, hechten*

Verben

Zusammengesetzte Formen

Alle Zeitformen außer dem Simple Present und dem Simple Past werden mit zusammengesetzten Formen gebildet. Zusammengesetzte Formen bestehen aus mindestens einem Hilfsverb und der entsprechenden Form des Vollverbs.

› Progressive – Die Verlaufsform (ing-Form)

Um eine Progressive-Form zu bilden, braucht man die richtige Form von **be** als Hilfsverb und die ing-Form des Vollverbs. Zur Bildung der ing-Form hängt man einfach **-ing** an den Infinitiv (die Grundform) des Vollverbs.

PRESENT PROGRESSIVE:	
The cat is sleeping.	*Die Katze schläft gerade.*
They are learning English.	*Sie lernen gerade Englisch.*

PAST PROGRESSIVE:	
George was wearing a purple shirt.	*George trug ein lila Hemd.*
You were driving me crazy.	*Ihr habt mich verrückt gemacht.*

(▶ Zur Anwendung der Verlaufsform findest du mehr unter den einzelnen Zeitformen: **Anwendung der verschiedenen Formen**)

› Perfect Tenses – Perfektformen

Perfect Tenses bildet man immer mit dem Hilfsverb **have** und dem Past Participle des Vollverbs. Man unterscheidet zwischen dem gegenwartsbezogenen Present Perfect und der Vorvergangenheit, dem Past Perfect.

PRESENT PERFECT:	
I have seen her before.	*Ich habe sie schon einmal gesehen.*
Carla has hidden my shoes again.	*Carla hat wieder meine Schuhe versteckt.*

PAST PERFECT:	
Deanna had chosen a fast bicycle.	*Deanna hatte sich ein schnelles Fahrrad ausgesucht.*
Wally had slipped on a banana peel.	*Wally war auf einer Bananenschale ausgerutscht.*

Zusammengesetzte Verben

In der gesprochenen Sprache ist es üblich, die Gegenwarts- und Vergangenheitsformen von **have** zusammenzuziehen und an das Subjekt anzuhängen:

You have gone.	You've gone.	*Du bist (fort)gegangen.*
She has gone.	She's gone.	*Sie ist (fort)gegangen.*
We had gone.	We'd gone.	*Wir waren (fort)gegangen.*

› Future – Zukunft

Das Englische hat viele verschiedene Zukunftsformen, die nicht immer leicht zu unterscheiden sind (▶ Wie man über die Zukunft spricht). Sehr häufig aber bildet man die Zukunftsform einfach mit dem Hilfsverb **will** (das nie verändert wird) und dem Infinitiv (der Grundform) des Vollverbs:

They will move next year.	*Sie werden nächstes Jahr umziehen.*
She will never meet him again.	*Sie wird ihn nie wiedersehen.*

› Passive Forms – Passiv

Das Passiv wird im Simple Present und Simple Past mit einer Form des Hilfsverbs **be** und dem Past Participle (3. Form) gebildet. Im Present Perfect oder Past Perfect verwendet man eine Form von **have + been** mit Past Participle.

That song is sung at services.	*Dieses Lied wird beim Gottesdienst gesungen.*
The dishwasher was repaired today.	*Die Spülmaschine wurde heute repariert.*
The dishwasher hasn't been repaired yet.	*Die Spülmaschine ist noch nicht repariert worden.*

Oft benutzt man auch eine Phrase, die zeigt, wer oder was etwas getan hat. Diese Phrase wird von **by** eingeleitet:

The dessert is brought by the butler.	*Der Nachtisch wird vom Butler gebracht.*
He was greeted by many people.	*Er wurde von vielen Leuten gegrüßt.*

Used to – früher

Um vergangene Zustände und Gewohnheiten zu beschreiben, verwendet man häufig **used to**. Dies drückt dann ungefähr das gleiche aus wie das deutsche *früher*. Sehr oft beinhalten Formen mit **used to** den Hinweis, dass der Zustand bzw. die Gewohnheit nicht mehr gilt:

But you used to like spinach.	*Aber früher hast du Spinat doch gemocht.*
Mr. Jones used to go for a walk every day.	*Früher ist Herr Jones jeden Tag spazieren gegangen.*

Verben

Man setzt **used to** wie ein Hilfsverb zwischen das Subjekt und das Vollverb. **Used** ist dann das erste Verb des Satzes.

 Zu beachten ist außerdem, dass **used to** im Kontext **be used to** + *ing*-Form *etwas gewöhnt sein* bedeutet:
Carlos is used to eating alone. Carlos ist es gewöhnt, alleine zu essen.
(▶ siehe auch **be used to, get used to** unter **Besondere Verben**)

Anwendung der verschiedenen Formen

1. Simple Present and Present Progressive

Das Simple Present wird hauptsächlich für Tatsachen und Gewohnheiten in der Gegenwart verwendet, es zeigt auch an, dass etwas häufig oder regelmäßig geschieht:

I like chocolate ice cream.	*Ich mag Schokoladeneis.*
The church bells ring every hour.	*Die Kirchenglocken läuten jede Stunde.*
The children watch TV every night.	*Die Kinder sehen jeden Abend fern.*

Das Present Progressive hingegen drückt aus, dass etwas nur vorübergehend oder „im Augenblick", „jetzt" geschieht. Solche Zustände können auch sich wiederholende Ereignisse sein. Im Deutschen wird dieser Aspekt oft mit Wörtern wie *gerade, im Augenblick* oder *jetzt* umschrieben.

I'm eating chocolate ice cream.	*Ich esse gerade Schokoladeneis.*
It's raining.	*Es regnet (jetzt).*
What are you thinking about?	*Woran denkst Du gerade?*

2. Present Perfect

Das Present Perfect benutzt man für Zustände und Ereignisse, die in der Vergangenheit angefangen haben, in der Gegenwart als noch nicht abgeschlossen gelten, oder für diese immer noch größere Bedeutung haben:

The plumber has been here since 9 a.m.	*Der Klempner ist (schon) seit 9 Uhr morgens da.*
We've lived in London for five years.	*Wir leben seit fünf Jahren in London.*
Pete has called me twelve times this month.	*Pete hat mich zwölf Mal diesen Monat angerufen.*
I've worked all day, and now I want to relax.	*Ich habe den ganzen Tag gearbeitet, und jetzt will ich mich entspannen.*

Anwendung der verschiedenen Formen

Signalwörter für das Present Perfect:
noch nicht abgeschlossener Zeitraum: **this week / month / year**
von irgendwann bis jetzt: **ever, never, before, already, always, before, just, often, yet**

Man verwendet das Present Perfect auch für Neuigkeiten:

Beatrice has written another novel.	*Beatrice hat noch einen Roman geschrieben.*
Clark has failed for the third time.	*Clark ist (gerade) zum dritten Mal durchgefallen.*

3. Present Perfect and Simple Past

Wie oben beschrieben, kann man das Present Perfect nur dann verwenden, wenn ein Ereignis oder Zustand irgendwie aktuell ist, also wenn es eine Auswirkung oder einen Bezug zur Gegenwart gibt.
Wenn das Ereignis oder der Zustand sich in der Vergangenheit ereignet haben und dort auch abgeschlossen wurden, muss man das Simple Past verwenden.

I have lived in London for five years.	*Ich lebe seit fünf Jahren in London.* (Und tue dies immer noch!)
I lived in London for five years.	*Ich habe fünf Jahre lang in London gelebt.* (irgendwann einmal, z. B. als ich ein Kind war!)
We've met before.	*Wir sind uns schon mal begegnet.* (deshalb erkenne ich dich jetzt)
We met at a party last week.	*Wir haben uns letzte Woche auf einem Fest kennen gelernt.* (abgeschlossen, Zeitangabe)

Signalwörter für das Simple Past sind: **yesterday, a year ago, last week** oder **on Monday, in 1977** (wenn sich die Angaben auf die Vergangenheit beziehen).

Im amerikanischen Englisch können einige Ausdrücke, die auf aktuelle Zustände hindeuten (z. B. **just, already**) auch mit dem Simple Past stehen:
He has just left the hotel. (UK) *Er hat gerade das Hotel verlassen.*
He just left the hotel. (US) *Er hat gerade das Hotel verlassen.*

Wenn man einen Zeitausdruck benutzen will, der einen Zeitraum oder einen Zeitpunkt in der Vergangenheit bezeichnet, kann man das Present Perfect nicht verwenden:

I read that book last year.	*Ich habe dieses Buch letztes Jahr gelesen.*

Verben

4. Simple Past and Past Progressive

Einerseits benutzt man das Simple Past für Allgemeinheiten und Gewohnheiten in der Vergangenheit, ähnlich wie **used to**:

Professor Roberts always wrote on the blackboard./ He used to write on the blackboard.	*Professor Roberts schrieb immer an die Tafel.*

Andererseits verwendet man das Simple Past auch für einzelne Ereignisse in der Vergangenheit:

She won a bike.	*Sie gewann ein Fahrrad.*
Several plates fell off the shelf.	*Mehrere Teller fielen aus dem Regal.*

Dagegen verwendet man das Past Progressive für Ereignisse, die zu einem bestimmten Zeitpunkt in der Vergangenheit gerade abliefen:

At that moment Marc was running away from home.	*In dem Moment lief Marc von zu Hause weg.*

Solche Zustände können auch sich wiederholende Ereignisse sein. Durch das Past Progressive deutet man an, dass der Zeitraum dieser Ereignisse nicht allzu lang dauerte:

At that time we were talking on the phone every day.	*Zu der Zeit telefonierten wir jeden Tag.*

Will man ausdrücken, dass ein Ereignis während einer ablaufenden Handlung eintritt, verbindet man Past Progressive und Simple Past. Das plötzliche Ereignis steht dabei im Simple Past, die ablaufende Handlung im Past Progressive. Das neue Ereignis wird mit **when** angeschlossen, die ablaufende Handlung kann man mit **while** einleiten.

Handlungsverlauf im **past progressive**	*neues Ereignis* **simple past**

We were watching TV	**when** Bob called.
While we were playing chess,	Jim **came** in.

16

Anwendung der verschiedenen Formen

5. Past Perfect

Das Past Perfect wird mit **had** und dem **Past Participle** gebildet. Die Formen sind für alle Personen gleich.

He had saved enough money to buy the bike.	Er hatte genug Geld gespart, um das Motorrad zu kaufen.
Anne and Jim had saved enough money.	Anne und Jim hatten genug Geld gespart.

Man verwendet das Past Perfect, wenn man betonen möchte, dass ein Ereignis weiter in der Vergangenheit zurückliegt als ein anderes. Das weiter zurückliegende Geschehen steht im Past Perfect, das andere im Simple Past.

When I had saved enough money, I bought the game.	Als ich genug Geld gespart hatte, kaufte ich das Spiel.

Oft steht das Past Perfect nach Wörtern wie **after, before, because**:

He called her after he had finished his homework.	Er rief sie an, nachdem er mit seinen Hausaufgaben fertig war.
I couldn't finish my homework, because I hadn't started early enough.	Ich konnte meine Hausaufgaben nicht fertig machen, weil ich nicht früh genug begonnen hatte.

6. Wie man über die Zukunft spricht
Will-Future und going to-Future

In der Regel bildet man das Future Tense mit dem Hilfsverb **will**. Allerdings wird diese Zeitform nicht so häufig angewandt. Die Zukunft mit **will** verwendet man hauptsächlich für Ereignisse, die nicht geplant werden, sondern einfach so passieren oder passieren könnten:

It will rain soon.	Es wird bald regnen.
If you aren't careful, you'll fall.	Wenn du nicht aufpasst, fällst du hin.

Außerdem verwendet man diese Zukunftsform für Vorschläge und Ideen bei der Planung:

I'll bring music for the party.	Ich kann die Musik für das Fest mitbringen.
Marty will drive Al home after the game.	Marty fährt Al nach dem Spiel heim.

 Wenn etwas aber schon geplant ist, so ist das Future Tense, besonders in gesprochener Sprache, nicht üblich. **Be going to** ist die allgemeine Zukunftsform der gesprochenen Sprache. Man kann sie für geplante wie ungeplante Ereignisse (aber nicht für Vorschläge) verwenden:

I'm going to fly to Spain in summer.	Ich werde im Sommer nach Spanien fliegen.
It's going to rain soon.	Es wird bald regnen.

Verben

Present Progressive

Für fest geplante Ereignisse kann man auch das Present Progressive benutzen:

Mabel is flying to Hawaii tomorrow.	*Mabel fliegt morgen nach Hawaii.*
We are moving next year.	*Wie ziehen nächstes Jahr um.*

Future Progressive

Das Future Progressive ist eine Kombination aus **will** und Progressive (**be + ing**-Form). Diese Form verwendet man, wenn das Ereignis sowieso passieren wird, also nicht extra geplant werden muss:

I can ask Randy. I'll be seeing him tonight.	*Ich kann Randy fragen. Ich sehe ihn heute abend sowieso.*

Simple Present

Man kann auch das Simple Present für Ereignisse in der Zukunft verwenden, wenn es um einen fest geplanten Zeitpunkt oder z. B. Fahrpläne geht:

My cousin arrives on Monday.	*Meine Kusine kommt am Montag an.*
Dr Curtis and her husband travel to Moscow on the 27th.	*Dr. Curtis und ihr Mann reisen am 27. nach Moskau.*
The train leaves tomorrow at 8:00.	*Der Zug fährt morgen um 8:00.*

7. Zukunft in der Vergangenheit

Manchmal ist es notwendig, aus der Perspektive der Vergangenheit von etwas zu berichten, das damals noch in der Zukunft lag.

Yesterday morning Sue was going to be late.	*Gestern früh war Sue drauf und dran, zu spät zu kommen.*

Hierzu kann man natürlich die oben erwähnten Zukunfsformen in entsprechende Vergangenheitsformen umwandeln. Allerdings geht dies nicht immer. Man kann z. B. **would** als Vergangenheit von **will** normalerweise nur in der indirekten Rede benutzen:

Harold said that Sue would be late.	*Harold sagte, dass Sue später kommen würde.*

Ansonsten hat **will** überhaupt keine Vergangenheitsform. Deshalb muss man auf einen Ersatz, eine Umschreibung zurückgreifen, nämlich **going to**:

Last week they were going to drive me crazy.	*Letzte Woche waren sie auf dem Weg, mich in den Wahnsinn zu treiben.*

Anwendung der verschiedenen Formen

Wenn man das Simple Present in das Simple Past verwandelt, hat der Satz nur eine normale Vergangenheitsbedeutung:

My cousin arrived on Monday.	*Meine Kusine kam am Montag an.*

Hier ist es also besser, entweder **going to** oder das Past Progressive zu verwenden:

My cousin was going to arrive on Monday.	*Meine Kusine wollte/sollte am Montag ankommen.*
My cousin was arriving on Monday.	*Meine Kusine wollte/sollte am Montag ankommen.*

8. Passiv

Bildung

Im Englischen bildet man das **Passiv** (die Leideform) mit einer konjugierten Form des Hilfsverbs **be** und dem **Past Participle** eines Vollverbs.

▶ Die einzelnen Zeitformen des Passivs findest du im Überblick auf Seite 20.

Gebrauch

Das Passiv findet man vor allem in Sach- und Fachtexten. Man beschreibt mit dem Passiv, was mit einer Person oder Sache gemacht wird. Deswegen kann das Passiv nur mit **transitiven Verben** (also solchen Verben auf die ein Objekt folgt) gebildet werden.

Beim Aktiv steht die *handelnde* Person im Mittelpunkt, beim Passiv der *Vorgang* selbst. Da die Person nicht so wichtig ist, muss sie auch nicht genannt werden. Soll eine handelnde Person genannt werden, steht sie in Verbindung mit der Präposition **by**:

AKTIV	**The gardener waters the flowers every week.**	*Der Gärtner gießt die Blumen jede Woche.*
PASSIV	**The flowers are watered by the gardener.**	*Die Blumen werden vom Gärtner gegossen.*

Beachte, dass Passivformen unterschiedlich ins Deutsche übersetzt werden können, je nachdem, ob ein *Zustand* oder ein *Vorgang* beschrieben wird:

The door is locked.	*Die Tür ist geschlossen. (Zustand)*
	Die Tür wird geschlossen. (Vorgang)

Verben

Zeitformen des Passivs

	SIMPLE		PROGRESSIVE			FUTURE		
	Present Simple		**Present Progressive**			**Future I**		
I	am	taught	am	being	taught	will	be	taught
you	are	taught	are	being	taught	will	be	taught
he/she/it	is	taught	is	being	taught	will	be	taught
we	are	taught	are	being	taught	will	be	taught
you	are	taught	are	being	taught	will	be	taught
they	are	taught	are	being	taught	will	be	taught
	Past Simple		**Past Progressive**			**Future I Progressive***		
I	was	taught	was	being	taught	will	be	being taught
you	were	taught	were	being	taught	will	be	being taught
he/she/it	was	taught	was	being	taught	will	be	being taught
we	were	taught	were	being	taught	will	be	being taught
you	were	taught	were	being	taught	will	be	being taught
they	were	taught	were	being	taught	will	be	being taught
	Present Perfect		**Present Perfect Progr.***			**Future**		
I	have been	taught	have been	being	taught	will have	been	taught
you	have been	taught	have been	being	taught	will have	been	taught
he/she/it	has been	taught	has been	being	taught	will have	been	taught
we	have been	taught	have been	being	taught	will have	been	taught
you	have been	taught	have been	being	taught	will have	been	taught
they	have been	taught	have been	being	taught	will have	been	taught
	Past Perfect		**Past Perfect Progr.***			**Future II Progressive***		
I	had been	taught	had been	being	taught	will have been	being taught	
you	had been	taught	had been	being	taught	will have been	being taught	
he/she/it	had been	taught	had been	being	taught	will have been	being taught	
we	had been	taught	had been	being	taught	will have been	being taught	
you	had been	taught	had been	being	taught	will have been	being taught	
they	had been	taught	had been	being	taught	will have been	being taught	

* Im Passiv werden eigentlich nur zwei Progressive Formen verwendet: Present Progressive und Past Progressive. Andere Progressive Formen werden so gut wie nie in den Passiv gesetzt.

		CONDITIONAL		
Imperative		**Conditional II**	**Conditional Past**	
be + Past Participle (selten)	I	would be taught	would have been	taught
	you	would be taught	would have been	taught
Gerund	he/she/it	would be taught	would have been	taught
being taught	we	would be taught	would have been	taught
	you	would be taught	would have been	taught
	they	would be taught	would have been	taught

Auxiliaries – Hilfsverben

Hilfsverben stehen im Englischen zwischen dem Subjekt und dem Vollverb:

The dog has **eaten my homework.**	*Der Hund hat meine Hausaufgaben gefressen.*
They are **looking for Easter eggs.**	*Sie suchen gerade Ostereier.*

Innerhalb der Gruppe der Hilfsverben unterscheidet man eine Untergruppe, die sogenannten Modalverben. Im Gegensatz zu den anderen Hilfsverben (**be** und **have**), können die Modalverben nicht als Vollverb verwendet werden, sondern stehen immer bei einem Vollverb.
(▶ **Modal Verbs** - Modalverben)

Unentbehrliche Hilfsverben

 Bestimmte grammatische Strukturen können ohne Hilfsverb nicht gebildet werden (z.B. Frage und Verneinung). Wenn kein Hilfsverb vorhanden ist (nämlich bei einfacher Gegenwart oder Vergangenheit), muss man das Spezialhilfsverb **do** verwenden. Dieses merkwürdige Hilfsverb hat keine eigene Bedeutung! Es erfüllt nur diese grammatische Funktion.

I did**n't eat anything.**	*Ich habe nichts gegessen.*

Yes-No Questions – Ja-Nein-Fragen

Fragen, auf die man mit ja oder nein antwortet, werden mit einem Hilfsverb (z.B. **be, have, do**) eingeleitet. Wenn das Hilfsverb im entsprechenden Aussagesatz schon vorhanden ist, setzt man es einfach an den Satzanfang. Wenn aber der Aussagesatz nur ein Vollverb enthält, muss das Spezialhilfsverb **do** einspringen:

Have you seen **the new film?**	*Hast du den neuen Film gesehen?*
Do you want **to go home?**	*Willst Du nach Hause gehen?*
Does he like **chocolate?**	*Mag er Schokolade?*

Die entsprechenden Aussagesätze sind:

You have seen **the new film.**	*Du hast den neuen Film gesehen.*
You want **to go home.**	*Du willst nach Hause gehen.*
He likes **chocolate.**	*Er mag Schokolade.*

Der erste Aussagesatz enthält das Hilfsverb **have**, das dann an erster Stelle in der Frage steht. Der zweite und der dritte Aussagesatz enthalten kein Hilfsverb. Da man die Ja-Nein-Frage mit einem Hilfsverb beginnen muss, setzt man die passende Form von **do** an den Satzbeginn. Bei zwei oder mehr Hilfsverben in der Aussage wird nur das erste vorangezogen.

Verben

| AUSSAGE: | The letters have been sent. | Die Briefe sind abgeschickt worden. |
| FRAGE: | Have the letters been sent? | Sind die Briefe abgeschickt worden? |

 Eine kleine Besonderheit findet sich bei Ja-Nein Fragen mit **have** bzw. **have got** (*haben, besitzen*). Im britischen Englisch werden entsprechende Aussagesätze häufig mit **have got** gebildet. Dann ist das erste Hilfsverb für die Frage **have.** Im amerikanischen Englisch werden die entsprechenden Aussagesätze eher mit dem einfachen **have** gebildet. Dies gilt dann natürlich als Vollverb und braucht zur Fragebildung noch das Hilfsverb **do**:

AUSSAGE:	She has got a red car. (UK)	Sie hat ein rotes Auto.
	She has a red car. (US)	Sie hat ein rotes Auto.
FRAGE:	Has she got a red car? (UK)	Hat sie ein rotes Auto?
	Does she have a red car? (US)	Hat sie ein rotes Auto?

(▶ **Kurzantworten**)

Negation – Verneinung

Die normale Satzverneinung mit **not** verlangt ein Hilfsverb. Dabei steht **not** zwischen dem Hilfsverb und dem Vollverb:

| The guests had not arrived yet. | Die Gäste waren noch nicht angekommen. |
| We did not like the music. | Wir mochten die Musik nicht. |

Ohne **do** (in diesem Fall die Vergangenheitsform **did**) hätte der zweite Satz kein Hilfsverb. Der entsprechende nicht verneinte Satz lautet nämlich:

| We liked the music. | Wir mochten die Musik. |

 Diesen Satz kann man nicht verneinen, indem man nur **not** in den Satz einschiebt! Man benötigt hier also unbedingt das Hilfsverb **do** (bzw. **did**)!

In der gesprochenen Sprache verwendet man das volle Wort **not** nur zur ausdrücklichen, betonten Verneinung und sonst eher selten. Stattdessen benutzt man oft die Kurzform **-n't**, die an das Hilfsverb angehängt wird:

| The guests hadn't arrived yet. | Die Gäste waren noch nicht angekommen. |
| We didn't like the music. | Wir mochten die Musik nicht. |

22

Kurzantworten

Wenn man nun eine **Yes-No Question** mit einem verneinten Satz bilden will, muss man das Hilfsverb voranziehen. Dabei geht **-n't** mit an den Satzanfang.

Didn't you like the music?	*Habt ihr die Musik denn nicht gemocht?*

Kurzantworten

Wenn man eine Frage gestellt bekommt, ist es meist nicht notwendig, mit einem vollständigen Satz zu antworten. Bei einer **Ja-Nein-Frage** kann man natürlich einfach nur **yes** oder **no** sagen. Dies wird aber oft als abgehackt und unhöflich empfunden. Daher fügt man einen abgekürzten Satz hinzu.

Bei der Antwort **yes** besteht der abgekürzte Satz nur aus Subjekt und Hilfsverb:

Did you watch the film on Monday? Yes, I did.	*Hast du am Montag den Film gesehen?* *Ja, habe ich.*
Can you pass me the salt? Yes, I can.	*Kannst Du mir das Salz geben?* *Ja, kann ich.*

Bei der Antwort **no** besteht der abgekürzte Satz aus Subjekt und Hilfsverb mit angehängter Verneinung (**-n't**):

Did you see the film on Monday? No, I didn't.	*Hast du am Montag den Film gesehen?* *Nein, habe ich nicht.*
Can you pass me the salt? No, I can't.	*Kannst Du mir das Salz geben?* *Nein, kann ich nicht.*

 Sehr wichtig bei Kurzantworten ist, dass das Hilfsverb immer dasselbe ist wie in der vorangegangenen Frage.

Es gibt auch noch spezielle Kurzantworten auf Subjektfragen, d. h. Fragen, bei denen das Fragewort das Subjekt ist. Hier besteht die Kurzantwort aus dem Subjekt und dem entsprechenden Hilfsverb.

Who's [= has] been to Paris? **Terry and Larry** have.	*Wer war schon mal in Paris?* *Terry und Larry waren schon mal dort.*
Who bought the present for Susan? **Harry** did.	*Wer hat das Geschenk für Susan gekauft?* *Harry hat das gemacht.*

Verben

Question Tags – Frageanhängsel

 Häufig begegnet man im Englischen Aussagesätzen, die von so genannten **Question Tags** gefolgt werden. Das **tag** (Anhängsel) hat dabei immer die Form einer kurzen Frage bestehend aus dem Hilfsverb und dem Subjekt.

Laura hasn't taken my sweater, has she?	*Laura hat meinen Pullover nicht mitgenommen, oder?*

Das Subjekt der angehängten Frage ist immer das Pronomen, das dem Subjekt der vorangegangenen Aussage entspricht:

The children have returned, haven't they?	*Die Kinder sind zurück, oder?*

Wenn das Verb in der Aussage kein Hilfsverb, sondern ein Vollverb ist, verwendet man im Frageanhängsel das Spezialhilfsverb **do**.

You know my friend Sebastian, don't you?	*Du kennst meinen Freund Sebastian schon, nicht wahr?*

 Wichtig ist, dass nach einer bejahten Aussage das verneinte Frageanhängsel steht, und nach einer verneinten Aussage ein bejahtes Frageanhängsel folgt.

Billie had left, hadn't she?	*Billie war schon gegangen, nicht wahr?*
Billie hadn't left, had she?	*Billie war noch nicht gegangen, nicht wahr?*

Mit den **Question Tags** bittet man zum Beispiel sein Gegenüber um Bestätigung, oder man erwartet sich dadurch eine Zustimmung des Gegenübers zur eigenen Aussage.

Modal Verbs – Modalverben

Formen

In Verbindung mit einem Vollverb im Infinitiv gibt es eine Reihe von Modalverben, die sich ähnlich wie Hilfsverben verhalten. Die wichtigsten Modalverben im Englischen sind **can**, **could**, **will**, **would**, **shall**, **should**, **may**, **might** und **must**. Es wird oft gesagt, dass sich die meisten dieser Modalverben in Gegenwarts-Vergangenheits-Paare einordnen lassen:

Modalverben

GEGENWARTSFORM	VERGANGENHEITSFORM	ÜBERSETZUNG
can	could	können
will	would	werden, wollen
shall	should	werden, sollen
may	might	dürfen, können

Diese Behauptung stimmt bezüglich der indirekten Rede. Ansonsten ist diese Aussage jedoch nicht richtig. Nur **could** wird tatsächlich manchmal als Vergangenheitsform von **can** verwendet:

GEGENWART:	VERGANGENHEIT:
You can open the door.	**You could open the door, after all.**
Du kannst die Tür aufmachen.	*Du konntest die Tür ja doch aufmachen.*

Es ist viel einfacher, die Bedeutungen der einzelnen Formen auswendig zu lernen. Hier eine Reihe von möglichen Übersetzungen:

can	*kann*	**could**	*konnte, könnte*
will	*wird*	**would**	*würde*
shall	*wird, soll*	**should**	*sollte, soll, dürfte*
may	*darf, kann*	**might**	*könnte*
must	*muss*		

Das englische **will** ist im modernen Sprachgebrauch nicht gleich dem deutschen *will* (*wollen*). Das deutsche Verb *wollen* wird mit dem Vollverb **want** übersetzt.

They will have dinner soon. *Sie werden bald zu Abend essen.*
They want to have dinner soon. *Sie wollen bald zu Abend essen.*

Parallel dazu heißt **would** *würde* (und nicht *wollte*).

Ms. Fielding would do it. *Frau Fielding würde es tun.*
Ms. Fielding wanted to do it. *Frau Fielding wollte es tun.*

Man verwendet **would** auch um über Gewohnheiten in der Vergangenheit zu sprechen:

He would go in and order five hamburgers. *Er ging einfach hinein und bestellte fünf Hamburger.*

Gerade in der gesprochenen Sprache wird **will** oft zu **'ll** bzw. **would** zu **'d** verkürzt und an das Subjekt angehängt:

I'll bring my special tuna and ketchup salad. *Ich bringe meinen Tunfisch-und-Ketchup Spezialsalat mit.*

They'd buy a yacht if they had the money. *Sie würden sich eine Jacht kaufen, wenn sie das Geld hätten.*

25

Verben

Fehlende Formen und Alternativen

Bei den Modalverben gibt es ein besonderes Problem: Sie besitzen nicht alle nötigen Formen. Ein Modalverb kann immer nur das erste Verb im Satz (Haupt- oder Nebensatz) sein, und es kann nicht hinter **to** stehen:

We can bake the cookies.	Wir können die Kekse backen.

Aus diesem Grund ist der Gebrauch von Modalverben natürlich ziemlich eingeschränkt. Trotzdem kommt es vor, dass man die Bedeutung eines Modalverbs an einer problematischen Stelle ausdrücken möchte (z.B. bei zusammengesetzten Zeiten oder nach einem Verb mit **to**). Dafür gibt es verschiedene Alternativen, mit denen man Modalverben ersetzen kann:

MODALVERB	ALTERNATIVE	ÜBERSETZUNG
can, could	be able to	können
will, shall	be going to	werden
may	be allowed to	dürfen
must	have to	müssen
should	be supposed to	sollen

We were able to bake the cookies.	Wir konnten die Kekse backen.
They hoped to be able to bake the cookies.	Sie hofften, die Kekse backen zu können.

Verneinte Formen

Formen mit der verkürzten Version von **not** gibt es auch bei den Modalverben. Im Allgemeinen hängt man **n't** wie bei **have** und **do** an das Ende des Modalverbs an. Aber in ein paar Fällen muss man eine besondere Form verwenden:

can	+	n't	=	can't
will	+	n't	=	won't
shall	+	n't	=	shan't

 Man beachte, dass **won't** manchmal die Bedeutung *will nicht* (im Sinne einer Verweigerung) haben kann:

Mary won't do her homework.	Mary will ihre Hausaufgaben nicht machen.
The car won't start.	Das Auto will nicht anspringen.

Parallel dazu bedeutet **wouldn't** manchmal *wollte nicht*:

Mary wouldn't do her homework.	Mary wollte ihre Hausaufgaben nicht machen.
The car wouldn't start.	Das Auto wollte nicht anspringen.

Modalverben

Gebrauch im Satz

Modalverben unterscheiden sich von anderen Verben darin, dass ihre Form sich bei einem **he/she/it**-Subjekt nicht verändert. Man hängt also kein **-s** in der dritten Person Singular am Ende des Verbs an:

I can go.	*Ich kann hingehen.*
She can go.	*Sie kann hingehen.*

Modalverben kommen an denselben Stellen im Satz vor wie andere Hilfsverben. Das Modalverb verlangt, dass das folgende Verb im Infinitiv steht:

James can meet you at the airport.	*James kann dich vom Flughafen abholen.*
James can't meet you at the airport.	*James kann dich nicht vom Flughafen abholen.*
Should Cathy take her car?	*Soll Cathy mit ihrem Auto kommen?*
No, she shouldn't.	*Nein, das soll sie nicht.*
They'll just do it again, won't they?	*Sie werden es einfach wieder tun, oder?*

Das modalverbähnliche **ought (to)** bedeutet ungefähr das gleiche wie **should**. Im Gegensatz zu den Modalverben folgt aber immer ein Infinitiv mit **to**:
You ought to bathe sometimes. *Du solltest dich ab und zu baden.*

Sonderfunktionen der Modalverben

Oft setzt man Modalverben ein, um klarzustellen, dass es sich bei einer Äußerung um eine Vermutung handelt. Die Wahl des Modalverbs zeigt dabei die Wahrscheinlichkeit der Aussage an.

May und **might** können beide eine Möglichkeit ausdrücken. Dabei ist **may** ein bisschen sicherer oder wahrscheinlicher als **might**.

Ms. Young may know.	*Frau Young weiß es vielleicht.*
Ms. Young might know.	*Frau Young weiß es vielleicht.*

In **should** steckt die Annahme, dass ein Zustand existieren müsste oder sollte:

Ms. Young should know.	*Frau Young sollte es wissen.*
Walter should be feeding the cat now.	*Walter müsste jetzt die Katze füttern.*

Verben

Must ist stärker als **should** und drückt entweder eine starke Verpflichtung aus, oder die Annahme, dass etwas der Fall sein muss (z. B. aufgrund von sichtbaren Beweisen):

Ms. Young must know.	*Frau Young muss es erfahren!*
The thief must have forgotten the money. Some of it is still lying on the floor.	*Der Dieb muss das Geld vergessen haben. Da liegt immer noch etwas davon auf dem Fußboden.*

Bei Verbketten, die aus einem Modalverb gefolgt von einer Perfektform bestehen, gibt es zwei Bedeutungsklassen. Die Bedeutung hängt dabei immer vom Modalverb ab.

VERMUTUNG

The pupils will have seen the film.	*Die Schüler werden den Film gesehen haben.*
The pupils may have seen the film.	*Die Schüler könnten den Film gesehen haben.*
The pupils might have seen the film	*Die Schüler können den Film gesehen haben.*
The pupils must have seen the film.	*Die Schüler müssen den Film gesehen haben.*
The pupils can't have seen the film.	*Die Schüler können den Film nicht gesehen haben.*

UNWIRKLICHES IN DER VERGANGENHEIT

The pupils would have seen the film.	*Die Schüler hätten den Film gesehen.*
The pupils could have seen the film.	*Die Schüler hätten den Film sehen können.*
The pupils should have seen the film.	*Die Schüler hätten den Film sehen sollen.*
The pupils might have seen the film.	*Die Schüler hätten den Film doch sehen können.*

Dabei sieht man, dass nur **might** in beide Klassen fällt.

Höflichkeitsformen

Would und **could** gelten in bittenden Fragen als besonders höflich:

Would you please close the door?	*Würden Sie bitte die Türe schließen?*
Could you bring me one too?	*Könntest du mir auch eins bringen?*

Besondere Verben

Be

› Formen

SIMPLE PRESENT		SIMPLE PAST	
I am	ich bin	I was	ich war
you are	du bist	you were	du warst
he/she/it is	er/sie/es ist	he/she/it was	er/sie/es war
we are	wir sind	we were	wir waren
you are	ihr seid	you were	ihr wart
they are	sie sind	they were	sie waren

In der gesprochenen Sprache verwendet man auch oft die folgenden Kurzformen:

I am	→	I'm
she is	→	she's
you are	→	you're
they are	→	they're

I'm here – under the table!	Ich bin hier – unter dem Tisch!
She's nice.	Sie ist nett.
You're not alone.	Du bist nicht allein.

› Anwendung

Be kann auch als Vollverb eingesetzt werden. Dann verbindet es das Subjekt mit einem anderen Satzteil:

John is in the kitchen.	John ist in der Küche.
Such problems are normal.	Solche Probleme sind normal.
Susan is an excellent ice hockey player.	Susan ist eine ausgezeichnete Eishockeyspielerin.

Im Normalfall muss ein Vollverb in gewissen Situationen wie z. B. Verneinung oder **Yes-No-Questions** von einem Hilfsverb begleitet werden (▶ Hilfsverben). Bei **be** ist es anders – auch als Vollverb verhält sich **be** wie ein Hilfsverb: **Be** steht vor **not**, leitet Fragen ein und taucht in Kurzantworten und Frageanhängseln auf:

VERNEINUNG:	
John isn't in the kitchen.	John ist nicht in der Küche.

JA-NEIN-FRAGE:	
Is John in the kitchen?	Ist John in der Küche?

Verben

KURZANTWORTEN:	
Yes, he is.	Ja, ist er.
No, he isn't.	Nein, ist er nicht.
FRAGEANHÄNGSEL:	
John is in the kitchen, isn't he?	John ist in der Küche, oder?
John isn't in the kitchen, is he?	John ist nicht in der Küche, oder?

Be wird als Hilfsverb im Passiv und in den Progressive-Formen benutzt:

Food is prepared here.	Hier wird Essen zubereitet.
Frank was reading.	Frank las gerade.

 Man verwendet **be** nicht im Present Perfect. Das Present Perfect wird Englischen immer mit einer Form von **have** gebildet.
We've [=have] **met before.**   *Wir sind uns schon begegnet.*

There is/There are

There is (Singular) und **there are** (Plural) drücken meist Existenz, Anwesenheit oder Erscheinen aus:

There is a squirrel in the garden.	Ein Eichhörnchen ist im Garten.
There are squirrels in the garden.	Ein paar Eichhörnchen sind im Garten.
There are twelve months in a year.	Das Jahr hat zwölf Monate.

Die Konstruktionen **there is** und **there are** werden in Verbindung mit unbestimmten Dingen benutzt. Das bedeutet, dass man in der Regel keine bestimmten Artikel, Demonstrativpronomen oder Eigennamen nach **there is** und **there are** verwendet. Man sagt also:

There was a stranger at the party.   *Da war ein Fremder auf dem Fest.*

Die folgenden Sätze sind dagegen nicht möglich:
* There is the butter on the table.
* There are these shoes in the wardrobe.
* There was Maggie at the party.

Auch bei Aufzählungen benutzt man oft **there is** oder **there are**:

FRAGE:	What chores do you still have to do?	Was musst du noch an Hausarbeit machen?

Besondere Verben

| ANTWORT: | Well, there's the washing and the ironing. Then there are the dishes. | Also, da wäre das Waschen und Bügeln. Dann muss ich auch noch abspülen. |

Have und *have got*

› **Formen**

I have	ich habe	we have	wir haben
you have	du hast	you have	ihr habt
he, she, it has	er, sie, es hat	they have	sie haben

› **Anwendung**

Have kann wie das Verb **be** ebenfalls als Vollverb gebraucht werden. Oft bedeutet **have** *haben* im Sinne von *besitzen, bei sich haben,* usw.:

| The Smiths have a yellow car. | Die Smiths haben ein gelbes Auto. |

Eine Alternative zu diesem **have** ist **have got**:

| The Smiths have got a yellow car. | Die Smiths haben ein gelbes Auto. |

 Im Amerikanischen gilt **have got** als umgangssprachlich und wird in formellen Situationen nicht verwendet.

› *Have* **mit und ohne Hilfsverb**

Beim Gebrauch von **have** sind vor allem diejenigen Situationen tückisch, in denen ein Hilfsverb benötigt wird, so zum Beispiel bei der Verneinung und bei der Bildung von Fragen. Selbst englische Muttersprachler sind sich nicht einig, ob man nun bei der Verneinung oder bei Fragen in Verbindung mit **have** ein Hilfsverb einsetzt oder nicht!
Hier eine Reihe von Lösungsmöglichkeiten zu diesem Problem:

Strategie 1: **Have** wird wie ein Hilfsverb gebraucht:

| They haven't a bicycle. | Sie haben kein Fahrrad. |
| Have you a car? | Hast du ein Auto? |

Obwohl diese Strategie wohl am einfachsten ist, bringt sie gewisse Probleme mit sich: Erstens wird sie im Amerikanischen nur noch in ein paar alten Ausdrücken überhaupt verwendet und kommt den Leuten oft fremd vor. Zweitens kommt sie in Großbritannien auch aus der Mode; dort wird sie hauptsächlich von älteren Leuten benutzt.

Verben

Strategie 2: **Have** wird wie ein Vollverb gebraucht:
Dies ist die gängige Strategie im Amerikanischen. Sie hat zur Folge, dass man **do** einsetzt, wenn ein Hilfsverb gebraucht wird:

They don't have a bicycle.	Sie haben kein Fahrrad.
Do you have a car?	Hast du ein Auto?

Strategie 3: **Have** wird durch **have got** ersetzt:

They haven't got a bicycle.	Sie haben kein Fahrrad.
Have you got a car?	Hast du ein Auto?

Diese Strategie stellt die moderne Lösung in Großbritannien dar. Sie hat den Vorteil, dass man sie in der Umgangssprache überall anwenden kann. Im Amerikanischen gehört sie zum lockeren Sprachgebrauch; in der Standardsprache verwendet man dagegen Strategie 2.

› **Weitere Bedeutungen von** *have*

Have wird auch in anderen Zusammenhängen und festen Wendungen benutzt, die man am besten auswendig lernt:

We have breakfast at 8:00.	*Wir frühstücken um 8.00.*
I had a cup of coffee.	*Ich habe eine Tasse Kaffee getrunken.*
Lisa is having a baby.	*Lisa bekommt ein Kind.*

Bei diesen Beispielen muss man Strategie 2 anwenden:

Did they have breakfast with you?	*Haben sie mit euch gefrühstückt?*
I didn't have a cup of coffee.	*Ich habe keine Tasse Kaffee getrunken.*

Do

› **Formen**

Simple present

I do	ich mache
you do	du machst
he/she/it does	er/sie/es macht
we do	wir machen
you do	ihr macht
they do	sie machen

Besondere Verben

› Anwendung

Do ist nicht nur das Spezialhilfsverb, das bei den Vollverben aushilft, sondern wird auch selbst als Vollverb eingesetzt:

The children did their homework.	*Die Kinder machten ihre Hausaufgaben.*
What are you doing?	*Was machst du?*

Bei Fragen und Verneinungen, in denen **do** als Vollverb auftritt, muss man zusätzlich noch das Hilfsverb **do** einsetzen. Deshalb kann das Verb **do** in solchen Sätzen also zweimal vorkommen:

The children didn't do their homework.	*Die Kinder haben ihre Hausaufgaben nicht gemacht.*
What did you do?	*Was hast du gemacht?*

Get

Get ist ein meist umgangssprachliches Verb mit der Grundbedeutung *bekommen*:

I got a watch for my birthday.	*Ich habe eine Uhr zum Geburtstag bekommen.*
We finally got the door open.	*Endlich haben wir die Tür aufbekommen.*

Get kann aber auch *werden* bedeuten:

We were getting tired.	*Wir wurden allmählich müde.*
Tony got hit by a car.	*Tony wurde von einem Auto angefahren.*

Be used to und *get used to*

Der Ausdruck **be used to** bedeutet *etwas gewöhnt sein*. Dabei hebt das Verb **be** den Zustand des Gewöhntseins hervor:

Ms. Thompson is used to teaching large classes. She is used to the noise.	*Frau Thompson ist es gewöhnt, große Klassen zu unterrichten. Sie ist den Lärm gewöhnt.*

Get used to hingegen bedeutet *sich an (etwas) gewöhnen*:

She got used to the noise quickly.	*Sie gewöhnte sich schnell an den Lärm.*
I can't get used to English pronunciation.	*Ich kann mich an die englische Aussprache nicht gewöhnen.*

Verben

The Gerund - das Gerundium

Das **Gerund** ist eine Verbform mit der Endung **-ing**. Man hängt die Endung einfach an den Infinitiv. Das Gerundium kann in verschiedenen Zusammenhängen auftreten.
Das Gerundium kann ähnlich wie ein Substantiv als Subjekt verwendet werden und durch ein Pronomen (z.B. **it**) ersetzt werden.

Dancing is great.	*Tanzen macht Spaß.*
Playing fooball is great.	*Fußball spielen macht Spaß.*
Going to the cinema is great.	*Ins Kino gehen macht Spaß.*

Das Gerundium kann nach Verben der Vorliebe **(enjoy, love, like)** oder der Abneigung **(not like, hat, can't stand)** auch Objekt sein.

Sue loves dancing.	*Sue liebt tanzen.*
Pete hates dancing.	*Peter hasst tanzen.*

Es gibt Adjektive, die immer mit einer bestimmten Präpositionen stehen **(interested in, good at, tired of)**. Nach solchen Wortpaaren folgt immer das Gerundium oder ein Substantiv.

I'm good at swimming.	*Ich kann gut schwimmen.*

 Verwechsele nicht Gerundium und Present Progressive! Beim Gerundium benötigt man das Hilfsverb **be** nicht!

Present Progressive:	**He is watching TV.**	*Er sieht gerade fern.*
Gerund:	**He likes watching TV.**	*Er sieht gerne fern.*

Präpositionen

2 Prepositions – Präpositionen

Zeitangaben

Für Uhrzeiten und Ausdrücke, die eine feste Zeit angeben (z.B. **noon** – *Mittag*, **midnight** – *Mitternacht*), verwendet man im Englischen die Präposition **at**:

I'll be home at seven.	*Ich bin um sieben Uhr wieder zu Hause.*
We had lunch at noon.	*Wir aßen um zwölf zu Mittag.*

Morning, **afternoon** und **evening** verlangen die Präposition **in** und den bestimmten Artikel **the**:

The children always play in the afternoon.	*Nachmittags spielen die Kinder immer.*
In the evening **we went out.**	*Am Abend gingen wir aus.*

Night verlangt meist die Präposition **at** und tritt dann ohne Artikel auf:

Owls hunt at night.	*Eulen gehen nachts auf die Jagd.*
My friend Steve, a securitiy officer, works at night.	*Mein Freund Steve, ein Sicherheitsbeamter, arbeitet nachts.*

Vorsicht, denn der *Abend* wird auch sehr häufig als **night** bezeichnet:

What did you do last night**?**	*Was habt ihr gestern Abend gemacht?*
When I get home at night**, I make dinner.**	*Wenn ich abends nach Hause komme, mache ich das Abendessen.*

Wochentage werden häufig mit **on** angegeben:

I have an appointment on Wednesday.	*Ich habe am Mittwoch einen Termin.*
Most museums are closed on Mondays.	*Die meisten Museen sind montags geschlossen.*

In der gesprochenen Sprache wird **on** jedoch oft einfach weggelassen:

I have an appointment Wednesday.	*Ich habe am Mittwoch einen Termin.*
Most museums are closed Mondays.	*Die meisten Museen haben montags zu.*

In Großbritannien sagt man **at the weekend**, in Nordamerika stattdessen **on the weekend**.

35

Präpositionen

Bei einzelnen Feiertagen benutzt man normalerweise die Präposition **on**:

We get half the day off on Christmas Eve.	*Heiligabend bekommen wir den halben Tag frei.*
Many people go to church at sunrise on Easter Sunday.	*Am Ostersonntag gehen viele Leute bei Sonnenaufgang in die Kirche.*

At oder **over** weisen nicht nur auf den Feiertag hin, sondern auch auf die Zeit um den Feiertag herum:

I saw my aunt and uncle at Christmas.	*Ich habe meine Tante und meinen Onkel an Weihnachten gesehen.*
I'm flying home over Easter.	*Ich fliege über Ostern nach Hause.*

Monate und Jahreszeiten werden mit **in** angegeben:

It happened in July.	*Es ist im Juli passiert.*
The neighbors barbecued every day in August.	*Im August grillten die Nachbarn jeden Tag.*
In winter we need to heat the house.	*Im Winter müssen wir das Haus heizen.*

Man braucht **in** auch immer bei Jahreszahlen:

In 1492 Columbus discovered America.	*1492 entdeckte Columbus Amerika.*
Our gym burnt down in 1996.	*Unsere Sporthalle ist 1996 abgebrannt.*

Während – *during, throughout, all ..., for, ... ago*

In der Regel wird *während* mit **during** übersetzt:

I fell asleep during the history lesson.	*Ich bin während der Geschichtsstunde eingeschlafen.*
She arrived during the winter.	*Sie kam im Laufe des Winters an.*

Als Übersetzung für *während des/der ganzen ...* nimmt man meist **throughout**:

The postal service is very busy throughout the Christmas season.	*Die Post hat während der ganzen Weihnachtszeit sehr viel zu tun.*

Setzt man vor die Substantive **day, night, month** oder **year** das Wörtchen **all**, so erhält man – ganz ohne Präposition – eine ähnliche Bedeutung:

The cats sang outside my window all night.	*Die Katzen haben die ganze Nacht vor meinem Fenster miaut.*
Evergreens stay green all year.	*Immergrüne Pflanzen bleiben das ganze Jahr über grün.*

Ortsangaben

For gibt an, wie lange ein Ereignis dauert:

Nigel and Joo didn't talk to each other for a year.	Nigel und Joo sprachen ein Jahr lang nicht miteinander.
Margarete cried for twenty minutes.	Margarete weinte zwanzig Minuten lang.

Das deutsche Wort *vor* hat zwei verschiedene Übersetzungen. Wenn sich *vor* auf einen Zeitpunkt bezieht, übersetzt man es mit **before**:

Before the flood we lived in the valley.	Vor der Überflutung lebten wir im Tal.
We had to get up before daybreak.	Wir mussten vor Tagesanbruch aufstehen.

Steht *vor* stattdessen in Verbindung mit einer Zeitspanne, so benutzt man im Englischen keine Präposition, sondern man setzt hinter dem betreffenden Zeitraum das Wörtchen **ago** ein:

We met six years ago.	Wir haben uns vor sechs Jahren kennen gelernt.
Three days ago our car broke down.	Vor drei Tagen ist unser Auto kaputt gegangen.

Ortsangaben

Die wichtigsten Präpositionen in Verbindung mit Ortsangaben sind **in** und **on**:

We stayed in New York.	Wir wohnten in New York.
There's a frog on my desk.	Auf meinem Schreibtisch ist ein Frosch.

Man muss **on** (auf) und **at** (an) unterscheiden:

We all sat down on the table.	Wir setzten uns alle auf den Tisch.
We all sat down at the table.	Wir setzten uns alle an den Tisch.

An den obigen Beispielsätzen sieht man, dass Wendungen wie **sit down, lie down, set down, lay down** nicht immer zu den jeweiligen Präpositionen passen. Man lernt daher diese Wendungen und ihre einzelnen Zusammensetzungen am besten auswendig.

Um beispielsweise die Anwesenheit in Geschäften, bestimmten Gebäuden oder auch bei Veranstaltungen auszudrücken, benutzt man ebenfalls die Präposition **at**:

I ran into Ralph at the pharmacy.	Ich traf Ralph in der Apotheke.
The adults are at the circus, but the children are at the museum.	Die Erwachsenen sind im Zirkus, aber die Kinder sind im Museum.
Who was at the party?	Wer war alles auf der Party?

Präpositionen

Problemfälle

Der Ausdruck **at home** heißt immer *zu Hause*:
I often stay at home.   *Ich bleibe oft zu Hause.*

 Bei einer Ortsangabe bedeutet **by** *ganz in der Nähe von*, und nicht *bei*:
Vera lives by Jonathan.   *Vera wohnt ganz in der Nähe von Jonathan.*
Vera lives at Jonathan's.   *Vera wohnt bei John.*

In der Nähe von heißt auf Englisch oft auch einfach **near**:

Newark is near New York City.	*Newark liegt in der Nähe von New York.*
There's a telephone booth near the church.	*In der Nähe der Kirche ist eine Telefonzelle.*

Richtungsangaben und andere Bedeutungen

Into (*in/hinein*) und **onto** (*auf*) beziehen sich auf die räumliche oder zeitliche Richtung oder Orientierung eines Geschehens. Im Gegensatz zu **on** oder **in** steht hier das jeweilige Verb bzw. das Geschehen im Mittelpunkt.

The rabbit jumped into a hole.	*Das Kaninchen ist in ein Loch gesprungen.*
Jeff got into trouble.	*Jeff geriet in Schwierigkeiten.*
Bonzo fell onto my foot.	*Bonzo fiel mir auf den Fuß.*

Manchmal kann man aber auch **into** und **onto** mit **in** und **on** ersetzen:

We got into/in the car.	*Wir sind ins Auto gestiegen.*
She put chocolate in/into the cake.	*Sie hat Schokolade in den Kuchen getan.*
The knife fell onto/on my foot.	*Das Messer fiel mir auf den Fuß.*

To deutet an, dass sich etwas nicht nur in eine Richtung bewegt, sondern auch am Zielort ankommt:

We went to the supermarket.	*Wir sind zum Supermarkt gegangen.*
Let's go to Switzerland!	*Fahren wir in die Schweiz!*

To wird auch häufig anstatt des Dativs verwendet:

The librarian showed the visitor the books.	*Die Bibliothekarin zeigte dem Besucher die Bücher.*
The librarian showed the books to the visitor.	*Die Bibliothekarin zeigte dem Besucher die Bücher.*

Richtungsangaben und andere Bedeutungen

She explained the problem to me.	*Sie erklärte mir das Problem.*
They recommended a cheap restaurant to me.	*Sie haben mir ein billiges Restaurant empfohlen.*

Der Ausdruck **go to (someone)** bedeutet, dass man auf eine Person selbst zugeht, und nicht zu deren Wohnung oder Ähnlichem:

I went to Mary and told her the story.	*Ich ging zu Mary und erzählte ihr die Geschichte.*

 Um auszudrücken, dass man zur Wohnung einer Person oder ein bestimmtes Geschäft gegangen ist, benutzt man den Genitiv:

I went to Mary's (place).	*Ich bin zu Mary (nach Hause) gegangen.*
I went to the hairdresser's (shop).	*Ich bin zum Friseur(geschäft) gegangen.*

From sagt uns, woher jemand oder etwas kommt:

Kyle is from Athens, Georgia.	*Kyle stammt aus Athens in Georgia.*
We drove from the bank to the restaurant next door.	*Wir sind mit dem Auto von der Bank zum Restaurant nebenan gefahren.*

From verwendet man auch bei Entfernungen:

Oakville is five miles from here.	*Oakville liegt fünf Meilen von hier entfernt.*
It's four inches from the door-frame to the wall.	*Vom Türrahmen zur Wand sind es etwa zehn Zentimeter.*

Die Präposition **of** wird im Englischen auf unterschiedliche Art und Weise gebraucht. Besonders in der Schriftsprache verwendet man anstelle des Besitzfalles (Possessive) häufig **of**, um einen Besitzer oder Verursacher an ein anderes Substantiv anzuschließen:

POSSESSIVE:	
The funny young man's favourite aunt	*Die Lieblingstante des komischen jungen Mannes*
Tom's advice	*Toms Rat*
OF-PHRASE:	
The favourite aunt of the man wearing a silk suit	*Die Lieblingstante des Mannes im Seidenanzug*
The advice of a stranger	*Der Rat eines Fremden*

39

Präpositionen

Of kann auch Zugehörigkeit oder eine Zuordnung ausdrücken:

A group of teachers was having a meeting.	*Eine Gruppe Lehrer tagte gerade.*
The man was standing naked on the roof of the house.	*Der Mann stand nackt auf dem Dach des Hauses.*

Man verwendet **of** zusammen mit Mengen- und Inhaltsangaben:

a pinch of salt	*eine Prise Salz*
a box of matches	*eine Schachtel Streichhölzer*
a glass of water	*ein Glas Wasser*
I ate a bowl of soup, a slice of bread, and a can of beans, and drank two big glasses of grape juice.	*Ich aß einen Teller Suppe, eine Scheibe Brot und eine Dose Bohnen und trank zwei große Gläser Traubensaft.*

Das Wort **pair (of)** bezieht sich immer auf zwei Gegenstände oder Leute:

Rene bought a pair of socks.	*Rene kaufte ein Paar Socken.*
They made a strange pair.	*Sie waren ein seltsames Duo.*

Häufig markiert **of** eine zu einem bestimmten Substantiv zugehörige Wendung:

The delay of the flight worried the passengers.	*Die Verspätung des Fluges beunruhigte die Passagiere.*
The classification of bats is a difficult business.	*Die Klassifizierung von Fledermäusen ist ein schwieriges Unterfangen.*
The baking of cookies leads to overeating.	*Das Plätzchenbacken führt dazu, dass man zu viel isst.*

Of gibt auch die Todesursache an:

My grandmother died of old age.	*Meine Großmutter ist an Altersschwäche gestorben.*
Timothy Toast almost died of overeating.	*Timothy Toast starb fast an zuviel Essen.*

By drückt aus, von wem oder was etwas gemacht worden ist:

I'm reading an exciting book by Sara Paretsky.	*Ich lese gerade ein spannendes Buch von Sara Paretsky.*
Who's the article by?	*Von wem ist der Artikel?*

(Siehe auch ▶ Passiv, S. 13)

40

Komplexe Präpositionen

Einige wenige Präpositionen bestehen aus zwei oder mehr Wörtern:

because of	*aufgrund, wegen*
in spite of	*trotz*
instead of	*(an)statt*
out of	*aus*
from under	*von unter*
in front of	*vor (räumlich)*

The game was cancelled because of the snowstorm.	*Das Spiel wurde wegen des Schneesturms abgesagt.*
In spite of their promise, they behaved badly.	*Trotz ihres Versprechens haben sie sich schlecht benommen.*
Clint came out of the bathroom half dressed.	*Clint kam halb angezogen aus dem Bad.*
Betsy crawled out from under the bed.	*Betsy kam unter dem Bett hervorgekrochen.*

Zusammengesetzte Verben

3 Phrasal Verbs – zusammengesetzte Verben

Allgemeines

Kombinationen aus einem Verb und einem zusätzlichen Element bezeichnet man als **Phrasal Verbs**. Das zusätzliche Element, das ein Verb zu einem Phrasal Verb macht und so die Bedeutung des Verbs verändert, kann dabei entweder eine Präposition oder eine Partikel sein. Man unterscheidet Präpositionen und Partikeln dadurch, dass nach einer Präposition im Satz immer ein Objekt stehen muss. Partikeln können zwar auch im Satz mit einem Objekt auftreten, jedoch muss das Objekt in diesem Fall nicht nach der Partikel stehen.

Ob ein Wort also eine Präposition oder eine Partikel ist, lässt sich an dessen Verschiebbarkeit im Satz feststellen: Muss das Wort vor dem Objekt stehen, so handelt es sich um eine Präposition. Kann es jedoch entweder vor oder nach dem Objekt im Satz stehen, so haben wir es mit einer Partikel zu tun.

Hier jeweils ein Beispiel für ein Phrasal Verb mit Präposition und eines mit Partikel:

PRÄPOSITION:

The woman pushed the stroller up the street.	*Die Frau schob den Sportwagen die Straße hoch.*

PARTIKEL:

The woman looked up the telephone number. **The woman looked the telephone number up.**	*Die Frau schlug die Telefonnummer nach.*

Für Phrasal Verbs ergeben sich also die folgenden Kombinationsmöglichkeiten:

Verb	+	Partikel				
Verb	**+**	**Partikel**	**+**	**Objekt**		
Verb	**+**	**Präposition**	**+**	**Objekt**	**+**	**Objekt**
Verb	**+**	**Partikel**	**+**	**Präposition**		

Kombinationen

Kombinationsmöglichkeiten

Beispiele für Verb + Partikel

come along	*mitkommen*
get up	*aufstehen*
go along	*mitgehen*
go away	*weggehen*
grow up	*aufwachsen, erwachsen werden*
make up	*sich versöhnen*
run away	*weglaufen*
sit down	*sich hinsetzen*
take off	*abheben, abfliegen, sich davonmachen*
wake up	*aufwachen*

Bei den oben angegebenen Kombinationen steht die Partikel unmittelbar nach dem Verb:

I have to get up so early every morning!	*Ich muss jeden Morgen so früh aufstehen!*
The others wanted to go to the party without me, but I went along anyway.	*Die anderen wollten ohne mich auf die Party, aber ich bin trotzdem mitgegangen.*
The unhappy teenager ran away from home.	*Der unglückliche Teenager ist von zu Hause weggelaufen.*

Beispiele für Verb + Partikel + Objekt

bring along	*mitbringen*
bring back	*zurückbringen*
call off	*absagen*
call up	*anrufen* (US)
let in	*hereinlassen*
look up	*nachschlagen*
make up	*schminken; (eine Geschichte) erfinden*
pick up	*abholen, aufheben; sich aneignen*
put on	*anziehen*
ring up	*anrufen* (UK)
run over	*überfahren*
stand up	*versetzen, sitzen lassen*
take along	*mitnehmen*
take off	*ausziehen*
turn down	*kleiner/leiser stellen*
turn off	*ausschalten*
turn on	*einschalten*

Zusammengesetzte Verben

Bei dieser Kombination kann das Objekt entweder ein Nomen oder ein Pronomen sein. Ist das Objekt ein Nomen, so kann die Partikel im Satz entweder vor oder nach dem Nomen stehen. Handelt es sich bei dem Objekt jedoch um ein Pronomen, so muss die Partikel immer nach dem Pronomen stehen.

Judith stood up Mel.	*Judith hat Mel sitzen lassen.*
Judith stood Mel up.	*Judith hat Mel sitzen lassen.*
Judith stood him up.	*Judith hat ihn sitzen lassen.*

Beachte außerdem, dass die Kombination aus dem Verb, der Partikel und dem Objekt im Satz vor anderen Elementen steht, wie zum Beispiel Adverbien, Zeitangaben und Ortsangaben. Hier noch ein paar weitere Beispiele:

Casey called us up last night.	*Casey hat uns gestern Abend angerufen.*
Lenny made that story up.	*Lenny hat diese Geschichte erfunden.*
When they called off the wedding, the make-up artist was already making up the bride.	*Als sie die Hochzeit absagten, war die Visagistin schon dabei, die Braut zu schminken.*

Beispiele für Verb + Präposition + Objekt

call for	*rufen nach; fordern; abholen*
care for	*pflegen*
do without	*auskommen ohne*
listen to	*zuhören; hören auf*
look after	*hüten; sich kümmern um*
look at	*anschauen*
look for	*suchen*
run after	*hinterherlaufen*
run across	*stoßen auf*
run into	*zufällig treffen; rennen/fahren gegen*

Wie bereits erwähnt, steht die Präposition bei dieser Kombination immer vor dem Objekt. Dieses kann dabei ein Nomen oder aber auch ein Pronomen sein:

You never listen to me!	*Du hörst mir nie zu!*
I can't possibly do without my hair-dryer.	*Ich kann unmöglich ohne meinen Fön auskommen.*
I was looking for a summer job and ran across an unusual advertisement.	*Ich habe nach einem Ferienjob gesucht und bin dabei auf eine ungewöhnliche Anzeige gestoßen.*

Kombinationen

Die Präposition und das Objekt stehen dabei wiederum vor anderen Satzteilen, wie zum Beispiel Zeit- oder Ortsangaben:

The babysitter looks after the children on weekdays.	*Die Babysitterin passt an Wochentagen auf die Kinder auf.*
A nurse cares for their sick child at their home.	*Eine Krankenschwester pflegt ihr krankes Kind bei ihnen zu Hause.*

Beispiele für Verb + Partikel + Präposition + Objekt

catch up with	*einholen*
do away with	*abschaffen; umbringen*
fall back on	*zurückgreifen auf*
get out of	*herumkommen um; herauskommen aus*
keep up with	*Schritt halten mit; mithalten mit*
look down on	*herabsehen auf*
look forward to	*sich freuen auf*
look out for	*achten auf; Ausschau halten nach*
put up with	*sich gefallen lassen*
rub off on	*abfärben auf*
run out of	*kein ... mehr haben*
watch out for	*achten auf*

Achte bei dieser Kombination immer auf die richtige Wortfolge im Satz: Nach dem Verb kommt zunächst die Partikel, danach die Präposition, und erst darauf folgt das Objekt:

Watch out for pickpockets at the fair!	*Achtet auf Taschendiebe auf dem Jahrmarkt!*
His bad mood rubbed off on the others.	*Seine schlechte Laune färbte auf die anderen ab.*
We ran out of milk yesterday.	*Uns ist gestern die Milch ausgegangen.*
My boyfriend is running out of excuses.	*Meinem Freund gehen langsam die Ausreden aus.*
I promised to go, and now I can't get out of it.	*Ich habe versprochen hinzugehen, und jetzt komme ich nicht mehr drum herum.*
Audrey is always on the run; no one can keep up with her.	*Audrey ist ständig auf Achse, keiner kann mit ihr mithalten.*

Substantive

4 Nouns – Substantive

Groß- und Kleinschreibung

Im Englischen werden die meisten Substantive oder Hauptwörter (Nouns) kleingeschrieben:

The boy bought a hamburger	*Der Junge hat einen Hamburger*
and a salad.	*und einen Salat gekauft.*

Eigennamen werden aber großgeschrieben:

In London, George and Marilyn	*In London haben George und*
went to see the Tate Gallery.	*Marilyn die Tate Gallery besucht.*

Wochentage und Monate, aber auch Nationalitäten, Sprachen, Religionen und Religionszugehörigkeiten gelten im Englischen ebenfalls als Eigennamen und werden deshalb auch großgeschrieben:

Mr. Firth normally comes on Mondays, but this Monday he wasn't there.	*Herr Firth kommt normalerweise montags, aber diesen Montag ist er nicht gekommen.*
It's nearly always cold in February.	*Im Februar ist es fast immer kalt.*
The Americans took pictures, while the New Zealanders talked.	*Die Amerikaner machten Fotos, während die Neuseeländer redeten.*
I speak English, German and Chinese.	*Ich spreche Englisch, Deutsch und Chinesisch.*
In this part of town, Jews, Christians and Muslims live together peacefully.	*In diesem Stadtviertel leben Juden, Christen und Muslime friedlich miteinander.*

The Plural – die Mehrzahl

Bei den meisten Substantiven bildet man den Plural im Englischen regelmäßig, durch Anhängen von **-s**:

The gardeners asked for buckets, shovels, and rakes.	*Die Gärtner baten um Eimer, Schaufeln und Rechen.*

Beachte die richtige Aussprache: Endet ein Substantiv im Singular mit einem ungesprochenen **e**, so spricht man die Endung **es** im Plural als eigene Silbe [iz] aus:

prince (einsilbig):	**princes** (zweisilbig)	Prinz(en)
garage (zweisilbig):	**garages** (dreisilbig)	Garage(n)

46

Plural

Bei Substantiven, die im Singular auf **Konsonant + -o** enden, hängt man im Plural **-es** an:

potato	**potato**es	*Kartoffeln*
tomato	**tomato**es	*Tomaten*

Dieselbe Regel gilt für Substantive, die im Singular auf **-s, -ss, -ch, -sh, -x** oder **-z** enden. Achte bei diesen Substantiven ebenfalls darauf, dass die Pluralendung als eigene Silbe [iz] gesprochen wird:

bus	**bus**es	*Busse*
dress	**dress**es	*Kleider*
church	**church**es	*Kirchen*
bush	**bush**es	*Büsche*
box	**box**es	*Schachteln*
quiz	**quiz**zes	*Ratespiele*

Beachte, dass sich bei den Substantiven auf **-z** der Konsonant im Plural verdoppelt. Endet ein Substantiv bereits im Singular auf **-zz**, so hängt man im Plural **-es** an.

Bei Substantiven, die im Singular auf **Konsonant + -y** enden, wird das **y** im Plural meist zu **ie** vor der Pluralendung **-s**:

ferry	**ferr**ies	*Fähren*
nationality	**nationalit**ies	*Nationalitäten*

Die meisten Substantive, die im Singular auf **-f** oder **-fe** enden, werden im Plural mit **-ves** gebildet:

wife	**wi**ves	*Ehefrauen*
wolf	**wol**ves	*Wölfe*
thief	**thie**ves	*Diebe*

Die folgenden Substantive bilden den Plural ebenso: **calf, half, knife, leaf, life, loaf, self** und **shelf**. Beachte jedoch, dass der Plural von **roof, proof, chief** und **handkerchief** mit **-s** gebildet wird.

Substantive

Darüber hinaus gibt es auch im Englischen eine Reihe von unregelmäßigen Pluralformen, die man am besten auswendig lernt. Hier einige Beispiele:

man	**men**	*Männer*
woman	**women**	*Frauen*
foot	**feet**	*Füße*
mouse	**mice**	*Mäuse*
tooth	**teeth**	*Zähne*
child	**children**	*Kinder*
phenomenon	**phenomena**	*Phänomene*

Possessive – besitzanzeigende Form

Die besitzanzeigende Form bildet man normalerweise durch Anhängen eines **Apostrophs + s ('s)**:

Cathy's mouse escaped.	*Cathys Maus ist entkommen.*
Bill's best friend's tennis racket broke.	*Der Tennisschläger von Bills bestem Freund ist kaputtgegangen.*

Steht das Substantiv im Plural, dann hängt man in der besitzanzeigenden Form nur den Apostroph an, da das Substantiv in diesem Fall meist bereits auf **-s** endet. Beachte den Unterschied zwischen der normalen Pluralform und der besitzanzeigenden Form im Singular und im Plural: Hörbar ist dieser Unterschied nicht, man kann sich die richtige Bedeutung jedoch aus dem Satzzusammenhang erschließen.

The boys' tennis rackets broke.	*Die Tennisschläger der Jungen sind kaputtgegangen.*
The boy's tennis racket broke.	*Der Tennisschläger des Jungen ist kaputtgegangen.*

Bei Substantiven, die den Plural nicht auf **-s** bilden, benutzt man im Plural die besitzanzeigende Form mit **'s**:

The children's toys are in the way.	*Das Spielzeug der Kinder steht im Weg.*
Those deer's antlers grow quickly.	*Das Geweih dieser Rehe wächst schnell.*

Auch bei Eigennamen hängt man meist in der besitzanzeigenden Form nur den Apostroph an, wenn diese auf **-s** enden:

The Beatles' words always impressed their followers.	*Die Worte der Beatles beeindruckten ihre Anhänger immer.*

Besitzanzeigende Form

Besonderheiten

Folgende Bildung ist für die meisten Leute etwas unerwartet, kommt im Englischen aber häufig vor:

A friend of my mother's tapdanced at the wedding.	*Eine Freundin meiner Mutter steppte bei der Hochzeit.*
Two books of Helen's got lost.	*Zwei von Helens Büchern sind verloren gegangen.*

Oft benutzt man auch die Possessivform alleine, wenn man von der Wohnung der genannten Person spricht:

There was a wild party at Leo's last night.	*Bei Leo gab es gestern Abend eine wilde Party.*
We're going to the Millers' for a meeting.	*Wir gehen zu einer Besprechung zu den Millers.*
I'll be at my mother's.	*Ich werde bei meiner Mutter sein.*

Bei vielen Geschäften verwendet man ebenfalls die besitzanzeigende Form und hängt **'s** an den Namen des Inhabers:

I bought all my dishes at Jenner's.	*Ich habe mein ganzes Geschirr bei Jenner gekauft.*
After breakfast at Tiffany's, we went to Sotheby's.	*Nach dem Frühstück bei Tiffany sind wir zu Sotheby gegangen.*

Ebenso kann man sich mit der Berufsbezeichnung des Inhabers und der besitzanzeigenden Form auf Geschäfte oder z.B. auch auf Arztpraxen beziehen:

I spent the morning at the doctor's.	*Ich habe den Vormittag beim Arzt verbracht.*
I got this exotic orchid at the florist's.	*Ich habe diese exotische Orchidee vom Floristen.*

Auch zusammen mit bestimmten Zeitangaben benutzt man häufig die Possessivform:

It was in Tuesday's paper.	*Es war in der Zeitung vom Dienstag.*
The older generation is agreed that today's youth is lazy – and their parents said the same thing 30 years ago.	*Die ältere Generation ist sich darüber einig, dass die Jugend von heute faul sei – und ihre Eltern sagten vor 30 Jahren das Gleiche.*

Substantive

Zählbare und nicht zählbare Substantive

Bei den Substantiven unterscheidet man im Allgemeinen zwei Gruppen: zählbare und nicht zählbare Substantive. Zählbare Substantive können mit dem unbestimmten Artikel **a(n)** auftreten und bezeichnen Dinge, die man zählen kann:

I want a pineapple.	*Ich möchte eine Ananas.*
I want three pineapples.	*Ich möchte drei Ananas.*

Nicht zählbare Substantive hingegen bezeichnen Dinge, die als unbestimmte Mengen oder Massen aufgefasst werden. Sie stehen meist im Singular, jedoch kann man sie in der Regel nicht mit dem unbestimmten Artikel **a(n)** zusammen verwenden:

The milk always goes off.	*Die Milch wird immer schlecht.*
The wheat is being harvested.	*Der Weizen wird gerade geerntet.*
I'd like some jam.	*Ich hätte gern Marmelade.*

Manche nicht zählbare Substantive werden dennoch im Plural gebraucht, zum Beispiel wenn man von einer bestimmten Anzahl an Portionen oder von verschiedenen Sorten einer unbestimmten Menge spricht:

Two teas and two coffees, please.	*Zwei Tee und zwei Kaffee, bitte.*
They grow three different wheats here.	*Hier bauen sie drei verschiedene Weizensorten an.*
I've tried all the jams.	*Ich habe alle Marmeladensorten schon probiert.*

Einheiten, die eigentlich nicht zählbar sind, können jedoch auch zählbar gemacht werden:

sugar	– three cups of sugar	*drei Tassen Zucker*
beer	– two pints of beer	*zwei Pint Bier*
chocolate	– a bar of chocolate	*ein Riegel Schokolade*

Die folgenden nicht zählbaren Substantive haben keine eigene Pluralform, man kann sie aber zusammen mit Mengenangaben wie **a lot of** (viel(e), eine Menge) benutzen:

His information was always unreliable.	*Die Informationen von ihm waren immer unzuverlässig.*
She has had a lot of experience.	*Sie hat schon eine Menge Erfahrung gesammelt.*
The room was full of furniture.	*Der Raum war voller Möbel.*

50

Paarbegriffe

Das Wort **news** (ebenso wie **mumps**) sieht aus wie Plural, ist aber ein nicht zählbares Substantiv. Es steht also immer im Singular, auch wenn es der Bedeutung nach Plural sein könnte:

All the news **in the paper** was **good that day.**	*An diesem Tag waren alle Nachrichten in der Zeitung gut.*
The good news is **that we are going to watch a film in class tomorrow;** the bad news is **that it's a play by Shakespeare.**	*Die gute Nachricht ist, dass wir morgen im Unterricht einen Film schauen werden; die schlechte Nachricht ist, dass es sich um ein Stück von Shakespeare handelt.*

Einige Bezeichnungen von Institutionen oder Personengruppen (so genannte **Collective Nouns**), wie zum Beispiel **police, government, team** oder **family**, werden unterschiedlich entweder als nicht zählbare oder zählbare Substantive verwendet, je nachdem, ob man diese als Einheit oder als eine Anzahl von einzelnen Individuen betrachtet:

Our family is **the best.**	*Unsere Familie ist die beste.*
Our family are **wearing their motto shirts now.**	*Unsere Familienmitglieder tragen jetzt ihre Mottohemden.*

Pair Nouns – Paarbegriffe

Es gibt Substantive, die einen Gegenstand bezeichnen, dabei aber trotzdem als Paar aufgefasst werden (**pair** = Paar). Normalerweise handelt es sich um Gegenstände, die aus zwei Teilen bestehen:

This pair of scissors **is blunt.**	*Diese Schere ist stumpf.*
Bring me a pair of pliers**!**	*Bring mir eine Zange!*
I need a new pair of glasses**.**	*Ich brauche eine neue Brille.*

Oft verwendet man sie im Plural ohne **pair of**:

These scissors **are blunt.**	*Diese Schere ist stumpf.*
Bring me the pliers**!**	*Bring mir die Zange!*
I need new glasses**.**	*Ich brauche eine neue Brille.*
My pants **have shrunk.**	*Meine Hose* (US)/*Unterhose* (UK) *ist eingelaufen.*
These jeans **don't fit.**	*Diese Jeans passt nicht.*

Solche Wörter lassen sich nur paarweise zählen:

I'd like two pairs of green jeans**.**	*Ich hätte gern zwei grüne Jeans.*

Substantive

Proper Names: Titles – Eigennamen: Titel

 Abkürzungen von Anreden und Titeln werden im britischen Englisch ohne Punkt und im Amerikanischen mit Punkt geschrieben.

Die allgemeine Anrede für Männer ist **Mr**:
Mr Johnson *Herr Johnson*

Bei den Frauen ist es etwas komplizierter: Hier gibt es zwei unterschiedliche Anreden – **Miss** für unverheiratete Frauen (z. B. **Miss Johnson** = *Fräulein Johnson*) und **Mrs** für verheiratete Frauen (z. B. **Mrs Johnson** = *Frau Johnson*, also die Ehefrau von **Mr Johnson**). Mittlerweile gibt es aber auch noch eine dritte, allgemeine Anrede für alle Frauen, ganz egal, ob sie verheiratet sind oder nicht: **Ms** (z. B. **Ms Johnson** = *Frau Johnson*). Ms wird auch als Anrede für Frauen benutzt, die in der Ehe ihren eigenen Nachnamen beibehalten haben.

Doktor und Professor

In der englischsprachigen Welt werden Titel nicht vor dem Namen angesammelt: Man spricht eine Person mit nur einem Titel an. Kombinationen wie *Herr Dr. Mayer* und *Frau Prof. Dr. Reis* gibt es also im Englischen nicht.

Wer den Grad eines Doktors oder eines Professors erreicht hat, der hat sich auch in der Anrede den jeweiligen Titel verdient. In diesem Fall ist es also höflicher, eine Person mit ihrem Titel, und nicht nur mit **Mr** oder z. B. **Ms** anzusprechen:

Dr Beale and Professor Sinclair arrived at the conference on Friday.	*Herr Dr. Beale und Frau Prof. Sinclair kamen am Freitag auf die Konferenz.*
Dr Corcoran and Dr Lowe, a husband-and-wife research team, have been invited to speak.	*Man hat Dr. Corcoran und Dr. Lowe, ein Forscherpaar, eingeladen, einen Vortrag zu halten.*

Pronomen

5 Pronouns – Pronomen

Pronomen oder Fürwörter (Pronouns) können anstelle eines einzelnen Substantivs stehen, sie können aber auch ein Subjekt (▶ Subject Pronouns) oder Objekt (▶ Object Pronouns) ersetzen, das aus mehreren Wörtern besteht:

William fell into a hole.	*William ist in ein Loch gefallen.*
He fell into a hole.	*Er ist in ein Loch gefallen.*
The tall blond man wearing a yellow overcoat fell into a hole.	*Der große blonde Mann, der einen gelben Mantel trug, ist in ein Loch gefallen.*
He fell into a hole.	*Er ist in ein Loch gefallen.*

Im ersten Beispiel ersetzt das Pronomen **he** das Substantiv **William**, das gleichzeitig das Subjekt des Satzes bildet. Das Subjekt im zweiten Beispiel besteht aus mehreren Wörtern (**the tall blond man wearing a yellow overcoat**), man kann es hier aber ebenfalls durch das Pronomen **he** ersetzen.

Personal Pronouns – Personalpronomen

Bei den Personalpronomen (oder persönlichen Fürwörtern) unterscheidet man zwei unterschiedliche Formen: Subjektpronomen (Subject Pronouns) und Objektpronomen (Object Pronouns).

Subject Pronouns

SINGULAR		PLURAL	
I	*ich*	**we**	*wir*
you	*du, Sie*	**you**	*ihr, Sie*
he	*er*	**they**	*sie*
she	*sie*		
it	*es*		

Im Gegensatz zum Deutschen gibt es bei den Subjektpronomen im Englischen nur eine Form für *du, ihr* und *Sie*: nämlich **you**. Das Pronomen **you** kann also – je nach Zusammenhang – Singular oder Plural ausdrücken. Zudem existiert die Höflichkeitsform *Sie* im Englischen nicht. Meist kann man die jeweilige Bedeutung von **you** aus dem Satzzusammenhang erschließen:

You're mean!	*Du bist gemein!*
You two should do your homework.	*Ihr zwei solltet eure Hausaufgaben machen.*
Would you like coffee, tea, or juice?	*Möchten Sie Kaffee, Tee oder Saft?*

Pronomen

Achte auch auf die richtige Verwendung der Subjektpronomen **he, she** und **it**. Für Personen benutzt man immer die Pronomen **he** und **she**. Dabei ersetzt **he** eine männliche und **she** eine weibliche Person:

The girl tried to laugh at his jokes.	*Das Mädchen versuchte, über seine Witze zu lachen.*
▸ **She tried to laugh at his jokes.**	*Sie versuchte, über seine Witze zu lachen.*
The boy stole my bicycle!	*Der Junge hat mein Fahrrad geklaut!*
▸ **He stole my bicycle!**	*Er hat mein Fahrrad geklaut!*

Auch Tiere oder sogar Gegenstände, zu denen man eine persönliche Bindung hat (z.B. Haustiere oder Autos), kann man mit **he** oder **she** ersetzen. In der Regel benutzt man jedoch für Gegenstände das Pronomen **it**:

The table collapsed.	*Der Tisch brach zusammen.*
It collapsed.	*Er brach zusammen.*

Object Pronouns

SINGULAR		PLURAL	
me	*mich; mir*	**us**	*uns*
you	*dich; dir; Sie; Ihnen*	**you**	*euch; Sie; Ihnen*
		them	*sie; ihnen*
him	*ihn; ihm*		
her	*sie; ihr*		
it	*es; ihm*		

Will man im Englischen ein Objekt ersetzen, so benutzt man die oben stehenden Objektpronomen:

Archibald took the keys.	*Archibald hat die Schlüssel genommen.*
▸ **Archibald took them.**	*Archibald hat sie genommen.*
Thelma gave Louise a good scolding.	*Thelma hat Louise tüchtig ausgeschimpft.*
▸ **Thelma gave her a good scolding.**	*Thelma hat sie tüchtig ausgeschimpft.*
Rover ran after the stick.	*Rover ist dem Stock nachgelaufen.*
▸ **Rover ran after it.**	*Rover ist ihm nachgelaufen.*
Paul fixed the car for Peter.	*Paul hat das Auto für Peter repariert.*
▸ **Paul fixed the car for him.**	*Paul hat das Auto für ihn repariert.*

Possessivformen

Wenn man ein Pronomen allein verwenden will, benutzt man ebenfalls die Objektform:

Who's there? – Me.	*Wer ist da? – Ich.*
It's me.	*Ich bin's.*
It's them.	*Sie sind's.*
Was it you?	*Warst du es?*

Possessive Forms – Possessivformen

Bei den besitzanzeigenden Formen (Possessive Forms) muss man zwischen den Possessivbegleitern (Possessive Determiners) und den eigentlichen Possessivpronomen (Possessive Pronouns) unterscheiden.

Possessive Determiners – Possesivbegleiter

SINGULAR		PLURAL	
my	*mein*	**our**	*unser*
your	*dein; Ihr*	**your**	*euer; Ihr*
his	*sein*	**their**	*ihr*
her	*ihr*		
its	*sein*		

Possessivbegleiter benutzt man in der Regel vor Substantiven, um deren Besitz oder Zugehörigkeit anzuzeigen:

My friend Barbara is getting divorced.	*Meine Freundin Barbara lässt sich scheiden.*
They wouldn't take our brilliant advice.	*Sie weigerten sich, unseren genialen Rat zu befolgen.*

Beachte, dass man – im Gegensatz zum Deutschen – die Possessivbegleiter im Englischen auch in Verbindung mit Körperteilen oder der Kleidung von Individuen verwendet:

I broke my arm.	*Ich habe mir den Arm gebrochen.*
They took off their clothes but not their hats.	*Sie zogen sich die Kleidung aus, aber setzten ihre Hüte nicht ab.*
He touched her shoulder.	*Er berührte ihre Schulter.*
Our stomachs hurt.	*Wir hatten Bauchschmerzen.*

aber:

She kicked him in the stomach.	*Sie hat ihn in den Bauch getreten.*

Pronomen

Possessive Pronouns – Possessivpronomen

SINGULAR		PLURAL	
mine	meins, das meine	**ours**	unseres, das unsere
yours	deins, das deine, Ihres, das Ihre	**yours**	eures, das eure, Ihres, das Ihre
his	seines, das seine	**theirs**	ihres, das ihre
hers	ihres, das ihre		
its	seines, das seine		

Anders als die Possessivbegleiter können Possessivpronomen alleine stehen, das heißt sie begleiten ein Substantiv nicht, sondern ersetzen es:

| **My shirt's clean, but hers is dirty.** | *Mein Hemd ist sauber, aber ihres ist schmutzig.* |
| **Ellen has her own locker, but she likes to put her things in his.** | *Ellen hat ihr eigenes Schließfach, aber sie stellt ihre Sachen gern in seines.* |

 Achtung: Verwechsel das Possessivpronomen **its** nicht mit **it's** (it + Apostroph), der Kurzform für **it is** oder **it has**.

 Wie sagt man *ein Freund/eine Freundin von mir* auf Englisch? Eigentlich genau wie im Deutschen, achte aber auf die Verwendung des Possessivpronomens:

| **A friend of mine is coming to visit.** | *Ein Freund/eine Freundin von mir kommt zu Besuch.* |
| **A notebook of mine is missing.** | *Ein Notizbuch von mir ist weg.* |

Wenn es mal unpersönlich wird

Das unpersönliche *man* kann man im Englischen unterschiedlich übersetzen. In der gesprochenen Sprache sagt man meist **you**:

| **You have to be really stupid to do a thing like that.** | *Man muss wirklich dumm sein, um so was Blödes zu machen.* |
| **You can get good shoes and bags there.** | *Man bekommt dort gute Schuhe und Taschen.* |

Reflexivpronomen

In der Schriftsprache benutzt man auch oft das etwas formelle **one**. Die dazugehörige
Possessivform lautet einfach **one's**:

One should always wash one's hands before meals.	*Man sollte sich vor jeder Mahlzeit die Hände waschen.*
One needs to update one's wardrobe once in a while.	*Man muss seine Garderobe ab und zu der aktuellen Mode anpassen.*

Wenn man von einer Person redet, von der man nicht weiß, ob sie männlich oder weiblich ist,
benutzt man einfach beide Personalpronomen **he or she** (bzw. **him or her** bei Objekten) oder die
Possessivbegleiter **his or her**:

If the customer is not satisfied, he or she may return the item for a full refund.	*Wenn der Kunde/die Kundin nicht zufrieden ist, kann er oder sie die Ware gegen eine volle Rückerstattung des Kaufpreises zurückbringen.*
A typical fan wants to wear his or her favourite player's number.	*Der typische Fan will die Nummer seines Lieblingsspielers tragen.*

In der gesprochenen Sprache verwendet man in solchen Fällen auch häufig einfach die
Pluralform **they**:

Apparently someone called up Harlan last night, and they started threatening him.	*Anscheinend hat gestern Abend jemand Harlan angerufen, und derjenige hat angefangen, ihn zu bedrohen.*
If the person is hungry, they can get something at the fast-food place across the street.	*Wenn die Person Hunger hat, kann sie etwas beim Schnellimbiss gegenüber bekommen.*

Reflexive Pronouns – Reflexivpronomen

Pronomen, die auf **-self** oder **-selves** enden, nennt man Reflexivpronomen. Im Singular enden sie
immer auf **-self** im Plural immer auf **-selves**.

SINGULAR		PLURAL	
myself	*mich; mir*	**ourselves**	*uns*
yourself	*dich; dir; sich*	**yourselves**	*euch; sich*
himself	*sich*	**themselves**	*sich*
herself	*sich*		
itself	*sich*		
oneself	*sich*		

Pronomen

Es gibt verschiedene Verwendungsmöglichkeiten für Reflexivpronomen.

1. Reflexiver Gebrauch

Das Reflexivpronomen kann zusammen mit einigen Verben benutzt werden, um auszudrücken, dass jemand etwas für sich (selbst) tut oder sich (selbst) antut. Hier richtet das Subjekt seine Handlung, sein Gefühl usw. auf sich selber. In diesen Fällen entspricht es den deutschen Pronomen mich/mir, dir/dich, sich, etc.

The man admired himself in the mirror.	Der Mann bewunderte sich im Spiegel.
I told myself I should be careful.	Ich sagte mir, ich sollte aufpassen.

Wenn man *sich selbst/selber* meint, kann man ein Reflexivpronomen benutzen.

Frieda was angry with herself.	Frieda ärgerte sich über sich selbst.
She has hurt herself.	Sie hat sich (selbst) verletzt.
We can see ourselves in the mirror.	Wir können uns (selbst) im Spiegel sehen.

2. Verstärkender Gebrauch

Man kann die Reflexivpronomen auch verwenden, um eine Person besonders hervorzuheben. Im Deutschen sagt man dann *selber*, *selbst* (ohne *sich*) oder *allein*, um das Subjekt zu betonen. Im Englischen verwendet man auch hier Reflexivpronomen.

You know that yourself.	Das weißt du doch selbst.
Dean said so himself.	Dean sagte es selbst.

each other - wechselseitige Beziehung

Im Deutschen werden wechselseitige Beziehungen auch mit einer Verbindung mit dem Wort *sich* dargestellt, wie bei: *sich (gegenseitig) begrüßen*. Dies funktioniert im Englischen nicht, hier verwendet man meist **each other**.

The two dogs chased each other.	Die zwei Hunde jagten einander.
Mark and Carla gave each other socks for Christmas.	Mark und Carla schenkten sich Socken zu Weihnachten.
We haven't seen each other for a long time.	Wir haben uns schon lange nicht mehr gesehen.

Anstelle von **each other** kann man auch **one another** verwenden, besonders dann, wenn es sich um mehr als zwei Personen handelt:

David, Robert and Sarah know one another well.	David, Robert und Sarah kennen sich gut.

Reflexivpronomen

 Viele Verben, die im Deutschen reflexiv sind, sind im Englischen nicht reflexiv.

get dressed	*sich anziehen*
get/be angry	*sich ärgern*
move; (Fitness) exercise	*sich bewegen*
concentrate	*sich konzentrieren*
turn	*sich drehen*
remember	*sich erinnern an*
be interested	*sich interessieren*
comb one's hair	*sich kämmen*
open	*sich öffnen*
close	*sich schließen*
argue	*sich streiten*
meet	*sich treffen*
change [one's clothes]	*sich umziehen*

Suddenly I remembered the cake in the oven.	*Plötzlich erinnerte ich mich an den Kuchen im Backofen.*
Aaron concentrated really hard.	*Aaron konzentrierte sich sehr.*
The wheel was turning.	*Das Rad drehte sich.*

Das Verb **meet** kann in Bezug auf Menschen folgende Bedeutungen haben:
- *zum ersten Mal kennen lernen*
- *sich zum ersten Mal kennen lernen*
- *treffen*
- *sich treffen*

I met my wife at a party.	*Ich habe meine Frau auf einer Party kennen gelernt.*
Don and Kelly originally met in Las Vegas.	*Don und Kelly haben sich in Las Vegas kennen gelernt.*
Guess who I met in town!	*Rate mal, wen ich in der Stadt getroffen habe!*
Let's meet at the cinema.	*Treffen wir uns am Kino.*

(▶ Verbtabellen: **meet**)

Pronomen

Demonstrative Forms – Demonstrativformen

Die Demonstrativformen **this** (Plural **these**) und **that** (Plural **those**) können wie Artikel vor einem Substantiv stehen oder auch allein als Pronomen:

These are the best plums I've ever eaten.	*Dies sind die besten Pflaumen, die ich je gegessen habe.*
I saw that.	*Das habe ich gesehen.*

(▶ Artikel und verwandte Wörter - Demonstrativbegleiter)

Weitere Pronomen

All

Das unbestimmte Pronomen **all** (*alle(s)*) kann man ohne den bestimmten Artikel direkt vor einem Substantiv benutzen. Es bezieht sich dabei auf alle Personen oder Gegenstände einer unbegrenzten Menge:

All boys like playing football.	*Alle Jungs spielen gerne Fußball.*
I love all sweets.	*Ich mag alle Süßigkeiten.*

In Verbindung mit dem bestimmten Artikel **the** bezieht sich **all** vor einem Substantiv auf alle Personen oder Gegenstände einer begrenzten Menge. In diesem Fall wird **all** auch häufig mit *der/die/das ganze(n)* ... übersetzt:

The cats ate all the fish.	*Die Katzen fraßen den ganzen Fisch.*

Beachte, dass das Pronomen **all** zwar vor einem Substantiv stehen kann, aber nur nach einem Personalpronomen!

I beat them all.	*Ich schlug sie alle.*
We all ordered cheesecake.	*Wir bestellten alle Käsekuchen.*

Statt **all the** kann man auch **all of the** sagen:

The cats ate all of the fish.	*Die Katzen fraßen den ganzen Fisch.*
All of the visitors were cranky.	*Alle Besucher waren schlecht gelaunt.*

Weitere Pronomen

Wenn man **all** zusammen mit dem Subjekt eines Satzes verwenden möchte, dann kann man das Pronomen auch direkt hinter das Subjekt setzen, oder – wenn der Satz ein Hilfsverb enthält – hinter das erste Hilfsverb:

The painters all went home early.	*Die Maler sind alle früh heimgegangen.*
The books have all fallen off the shelf.	*Die Bücher sind alle aus dem Regal gefallen.*
The parents have all written to the headmaster.	*Die Eltern haben alle dem Schulleiter geschrieben.*

Auch wenn das Hilfsverb **be** als Vollverb gebraucht wird, steht das Pronomen **all** hinter dem Verb:

You were all there too.	*Ihr wart auch alle da.*
The teachers were all happy.	*Die Lehrer waren alle zufrieden.*

Da **all** nur in ganz wenigen Fällen allein stehen kann, benutzt man normalerweise viel häufiger die Ausdrücke **everything** (*alles*) und **everyone** bzw. **everybody** (*alle*):

Rex worries about everything.	*Rex macht sich über alles Sorgen.*
Everything was fine.	*Alles war in Ordnung.*
Everyone came.	*Alle sind gekommen.*
I gave one to everyone.	*Ich habe jedem eins gegeben.*
Everybody was talking about Roseanne's new nose.	*Alle haben von Roseannes neuer Nase geredet.*
Aunt Becky kissed everybody good-bye.	*Tante Becky küsste alle zum Abschied.*

Both

Both betont, dass nicht nur eins von zweien, sondern alle beide gemeint sind.
Das Pronomen **both** (*beide*) kann wie all an unterschiedlichen Positionen im Satz stehen:

We met both her sons.	*Wir lernten ihre beiden Söhne kennen.*
Both our cars are old.	*Unsere beiden Autos sind alt.*
Both of the bottles exploded.	*Alle beiden Flaschen explodierten.*
I gave both of the letters to Jess.	*Ich gab Jess beide Briefe.*
The eggs for the cake both broke.	*Die Eier für den Kuchen zerbrachen beide.*
Mac and Toni were both screaming.	*Mac und Toni haben beide geschrieen.*
Now the teacher and the substitute are both ill.	*Jetzt sind die Lehrerin und ihre Vertretung beide krank.*

61

Pronomen

Im Gegensatz zu **all** kann **both** jedoch auch völlig allein stehen:

I was worried about the packages, but both arrived safely.	Ich machte mir Sorgen um die Pakete, aber alle beide sind heil angekommen.
Which flavour is better: chocolate or vanilla? – Both are good.	Welcher Geschmack ist besser: Schokolade oder Vanille? – Alle beide sind gut.

Each

Das Pronomen **each** *(jeder/jede/jedes (einzelne))* wird sehr häufig in der Verbindung **each of...** gebraucht. Es kann sich aber auch auf ein Substantiv zurück beziehen, das im Satz bereits genannt wurde. Hier einige Beispiele:

Each of the pipes had to be repaired.	Jede Leitung musste repariert werden.
The teacher spoke to each of the pupils individually.	Die Lehrerin sprach mit jedem der Schüler einzeln.
Five robbers each decided to break into the same bank the same night.	Fünf Räuber beschlossen in derselben Nacht, jeweils in dieselbe Bank einzubrechen.
Mandy, Phil, Candice, and Henry each gave my mum a toaster as a birthday present.	Mandy, Phil, Candice und Henry haben meiner Mutter je einen Toaster zum Geburtstag geschenkt.

 Each betont, dass jeder als einzelnes Individuum bzw. jedes als einzelner Gegenstand gemeint ist.

Häufig bezieht sich **each** auf das erste von zwei Objekten. Dann steht **each** meist nach dem ersten Objekt:

The nurse gave the children each a toy.	Die Krankenschwester gab jedem der Kinder ein Spielzeug.

Enthält das zweite Objekt jedoch eine Mengenangabe, dann steht **each** oft dahinter, vor allem, wenn man die Mengenangabe betonen möchte:

Uncle Willy gave the boys five dollars each.	Onkel Willy gab jedem der Jungen fünf Dollar.
We ate four muffins each.	Jeder von uns hat vier Muffins gegessen.

Auch bei Preisangaben ist es üblich, **each** nach dem Preis zu sagen. Dies gilt im Übrigen auch für das Wörtchen **apiece** (pro Stück), das hier gleichbedeutend verwendet werden kann:

Weitere Pronomen

These pens are 95 cents each.	Diese Kugelschreiber kosten 95 Cent pro Stück.
The bouquets cost ten pounds apiece.	Die Blumensträuße kosten zehn Pfund pro Stück.

One

Das unbestimmte Pronomen **one** *(ein(e)s)* wird wie **each** oft in der Verbindung **one of...** gebraucht. Es kann aber auch alleine stehen:

Have one!	Nimm eins!
I had never seen an armadillo until we encountered one at the zoo.	Ich hatte noch nie ein Gürteltier gesehen, bis wir eins im Zoo entdeckt haben.
One of the books was about horse races.	Eines der Bücher handelte von Pferderennen.

Häufig benutzt man **one**, wenn man vermeiden möchte, ein zuvor bereits genanntes zählbares Substantiv zu wiederholen. Dabei ersetzt **one** ein Substantiv im Singular und **ones** ein Substantiv im Plural:

I could give you a shirt of mine. Which one do you want? – I'll take the blue one.	Ich könnte dir ein Hemd von mir geben. Welches willst du? – Ich nehme das blaue.
These shoes are quite nice, but the ones over there are really beautiful.	Diese Schuhe sind ganz hübsch, aber die dort drüben sind wirklich schön.

None

Das Pronomen **none** *(keiner/keine/keines)* steht meist nur im formellen Sprachgebrauch alleine. Viel häufiger findet man **none** in der Verbindung **none of...**:

None of the mice likes cheese.	Keine der Mäuse mag Käse.
None of her furniture was comfortable.	Keine ihrer Möbel waren bequem.

Beachte, dass das Verb in einem Satz nach **none of** und einem zählbaren Substantiv im Plural ebenfalls im Plural steht:

None of your greedy clients were there.	Keiner deiner gierigen Kunden war da.

Wenn man *keiner* im Sinne von *kein Mensch* sagen will, verwendet man **no one** oder **nobody**:

No one was home.	Keiner war zu Hause.
Nobody said you had to believe it.	Niemand hat gesagt, dass du es glauben musst.

63

Pronomen

Either und neither

Wenn das Indefinitpronomen **either** alleine oder in der Verbindung **either of...** steht, bedeutet es etwa *jeder/jede/jedes der beiden* oder auch *entweder das eine oder das andere*:

Should we take the stew or the roast? – Either would be fine.	*Sollen wir den Eintopf oder den Braten nehmen? – Beides wäre gut.*
Either of the boys will be glad to help you – if you pay him.	*Jeder der beiden Jungen hilft dir gern – wenn du ihn bezahlst.*

Parallel dazu bedeutet **neither** alleine oder in der Verbindung **neither of...** etwa *keiner/keine/keines der beiden* oder *weder das eine noch das andere*:

Neither really appeals to me.	*Keiner der beiden sagt mir wirklich zu.*
Neither of them did a good job.	*Keiner der beiden hat seine Arbeit gut gemacht.*

Steht **either** im Satz nach einem verneinten Element (also nach einem verneinten Verb oder z.B. auch nach **never**), dann bedeutet es *keiner/keine/keines der beiden*:

The parrots wouldn't describe either of the robbers.	*Die Papageien wollten keinen der beiden Räuber beschreiben.*
I never saw either of them again.	*Ich habe keinen der beiden jemals wiedergesehen.*

Some

Das unbestimmte Pronomen **some** *(manche, einige, welche)* kann entweder alleine oder häufig auch in der Verbindung **some of...** stehen. Es bezieht sich oft auf eine unbestimmte Menge:

I'd like some, please.	*Ich hätte gern welche.*
Roger didn't really want licorice, but he bought some anyway.	*Roger wollte eigentlich keine Lakritze, aber er kaufte trotzdem welche.*
Some of the books were damaged.	*Einige Bücher waren beschädigt.*

 Lerne die Verwendung von **some** zusammen mit der Verwendung von **any**.

Weitere Pronomen

Any

In verneinten Sätzen benutzt man nach dem Verb anstelle von **some** das unbestimmte Pronomen **any**. Übersetzt wird **any** hier im Sinne von *keiner/keine/keines*:

I asked for secondhand computers, but they didn't have any.	*Ich fragte nach gebrauchten Computern, aber sie hatten keine.*
I haven't heard from any of them.	*Ich habe bislang von keinem von ihnen gehört.*
My shoes weren't in any of the closets or under any of the beds in the house.	*Meine Schuhe waren in keinem der Schränke und auch unter keinem der Betten im Haus.*

In Fragesätzen verwendet man **any**, wenn man nicht weiß, ob die Antwort *ja* oder *nein* lauten wird. **Some** hingegen benutzt man bei Fragen, bei denen man eine positive Antwort erwartet.

Do you still have any questions?	*Haben Sie noch Fragen?*
Could I have some water, please?	*Könnte ich bitte etwas Wasser bekommen?*

(▶ Negation – Verneinung: *Any*-Wörter)

65

Artikel und verwandte Wörter

6 Articles and Related Words – Artikel und verwandte Wörter

Artikel stehen immer vor einem Substantiv oder Nomen. Man findet jedoch auch oft noch eine Reihe weiterer Elemente vor einem Substantiv. Beachte deshalb die richtige Wortfolge:

Artikel → Zahl → Adjektiv(e) → **Substantiv**

Zwischen einem Artikel und einem Substantiv können also noch eine Zahlenangabe oder auch ein oder mehrere Adjektive stehen:

the **marmot**	*das Murmeltier*
the **five marmots**	*die fünf Murmeltiere*
the **sleepy marmot**	*das schläfrige Murmeltier*
the **five sleepy marmots**	*die fünf schläfrigen Murmeltiere*

Anstelle eines bestimmten oder unbestimmten Artikels können vor einem Substantiv zum Beispiel auch Demonstrativformen (**this, that, these** oder **those**) oder besitzanzeigende Formen wie **my, her, their** oder z.B. **John's** stehen:

this **marmot**	*dieses Murmeltier*
my **sleepy marmot**	*mein schläfriges Murmeltier*
their **five marmots**	*ihre fünf Murmeltiere*
John's **five sleepy marmots**	*Johns fünf schläfrige Murmeltiere*

Der unbestimmte Artikel

Vor einem zählbaren Substantiv kann man im Englischen den unbestimmten Artikel **a** benutzen:

A **passing car skidded to** a **stop.**	*Ein vorbeifahrendes Auto rutschte und kam zum Halten.*
A **dishwasher is** a **useful thing to have.**	*Es ist nützlich, eine Geschirrspülmaschine zu haben*

Der unbestimmte Artikel

Vor einem Substantiv, das mit einem Vokallaut beginnt, lautet der unbestimmte Artikel **an**:

An anteater and **an e**lephant went for **a w**alk.	*Ein Ameisenbär und ein Elefant gingen zusammen spazieren.*
Please buy me an orange and **an a**pple.	*Kauf mir bitte eine Orange und einen Apfel.*
He was wearing an old shirt.	*Er trug ein altes Hemd.*

Ob man nun **a** oder **an** verwendet, hängt von dem Laut ab, mit dem das Substantiv beginnt, und nicht von dem jeweiligen Buchstaben.

She wanted to buy a uniform.	*Sie hatte vor, eine Uniform zu kaufen.*
This graph shows an x-axis **and a y**-axis.	*Dieses Diagramm zeigt eine x-Achse und eine y-Achse.*

Anwendungstipps

Man benutzt den unbestimmten Artikel **a**, wenn man den Beruf einer einzelnen Person angibt:

Stephanie is a welder.	*Stephanie ist Schweißerin.*
Julian is a singer.	*Julian ist Sänger.*

Im Plural fällt der Artikel natürlich weg:

Liza and Victor are nurses.	*Liza und Victor sind Krankenpfleger.*

Auch vor einigen größeren Zahlenangaben (**hundred, thousand, million** und **billion**) verwendet man anstelle von **one** oft den unbestimmten Artikel:

Simon just won a hundred thousand dollars.	*Simon hat gerade hunderttausend Dollar gewonnen.*
We expected a hundred people at the opening.	*Wir erwarteten hundert Leute bei der Eröffnung.*

Auch nach **with** und **without** kann der unbestimmte Artikel stehen, vorausgesetzt, das darauf folgende Substantiv ist zählbar und steht im Singular:

The teacher was wearing a blouse with a bow.	*Die Lehrerin trug eine Bluse mit Schleife.*
Al left the house without a jacket.	*Al ging ohne Jacke aus dem Haus.*
You can have the chicken with or without a salad.	*Sie können das Hähnchen mit oder ohne Salat haben.*

Artikel und verwandte Wörter

Ebenso benutzt man den unbestimmten Artikel nach **as**, wenn darauf ein zählbares Substantiv im Singular folgt:

As a politician, **Lisle was successful;** as a human being, **he was not.**	*Als Politiker war Lisle erfolgreich, als Mensch war er es nicht.*
Lillian came dressed as a witch, **but no one realized that she was in costume.**	*Lillian kam als Hexe verkleidet, aber keiner merkte, dass sie kostümiert war.*
We can use the bed as a couch.	*Wir können das Bett als Couch benutzen.*

Der bestimmte Artikel

Im Englischen lautet der bestimmte Artikel immer **the**. Im Gegensatz zum deutschen *der/die/das* ist **the** unveränderlich:

This is the **only bridge over** the **river.**	*Das ist die einzige Brücke über den Fluss.*
The **cats are sitting on top of** the **bookcase.**	*Die Katzen sitzen oben auf dem Bücherregal.*

Anwendungstipps

Substantive, die z.B. eine Tiergattung oder eine bestimmte Gruppe von Menschen bezeichnen, stehen in der Regel ohne den bestimmten Artikel:

Crows are intelligent, amusing animals.	*Krähen sind intelligente, witzige Tiere.*
Canadians speak a North American dialect of English.	*Die Kanadier sprechen eine nordamerikanische Variante des Englischen.*
Archaeologists like to be outdoors.	*Archäologen sind gerne draußen.*

Auch Wochentage, Monate und die meisten Feiertage haben keinen bestimmten Artikel:

We could meet on Monday.	*Wir könnten uns am Montag treffen.*
January is a dreary month.	*Der Januar ist ein öder Monat.*
Easter Sunday would be a good day for a party.	*(Der) Ostersonntag wäre ein guter Tag für ein Fest.*

Auch Mahlzeiten stehen meist ohne den bestimmten Artikel **the**, außer wenn es sich um eine ganz bestimmte Mahlzeit als Ereignis oder um das servierte Essen handelt:

Demonstrativbegleiter

We had lunch at a restaurant.	*Wir haben in einem Restaurant zu Mittag gegessen.*
Joan invited me over for tea.	*Joan hat mich zu sich zum Tee eingeladen.*
The four of them met for dinner at Sophy's.	*Die vier trafen sich bei Sophy zum Abendessen.*
The charity dinner was a success.	*Das Abendessen für wohltätige Zwecke war ein Erfolg.*
I didn't like the lunch.	*Ich mochte das Mittagessen nicht.*

In Verbindung mit einigen öffentlichen Einrichtungen verwendet man ebenfalls meist keinen bestimmten Artikel. Dazu gehören z.B. **school** *(Schule)*, **college** *(Hochschule)*, **jail** *(Gefängnis (AE))*, **prison** *(Gefängnis (BE))*, **church** *(Kirche)*, **university** *(Universität)* und **hospital** *(Krankenhaus)*:

My daughter has to go to school in the morning, unless she can think of a good excuse.	*Meine Tochter muss morgens in die Schule gehen, es sei denn, sie lässt sich eine gute Ausrede einfallen.*
The murderer escaped from prison.	*Der Mörder ist aus dem Gefängnis ausgebrochen.*
We go to church every Sunday.	*Wir gehen jeden Sonntag in die Kirche.*

Wenn man sich allerdings auf eine bestimmte öffentliche Einrichtung oder ein bestimmtes Gebäude beziehen möchte, dann benutzt man den bestimmten Artikel **the**:

The school is fairly large.	*Die Schule ist ziemlich groß.*
The prison was always cold.	*Das Gefängnis war immer kalt.*
We went into the church.	*Wir sind in die Kirche hineingegangen.*

Demonstrativbegleiter

Die Demonstrativbegleiter **this, that, these** und **those** (▶ Demonstrative Forms – Demonstrativformen) können anstelle eines Artikels ebenfalls vor einem Substantiv stehen:

With this drink you'll add ten years to your life.	*Mit diesem Getränk verlängern Sie Ihr Leben um zehn Jahre.*
These boots are killing me!	*Diese Stiefel bringen mich um!*
What does that man want?	*Was will dieser Mann da?*
Those two jokers had better watch out!	*Die beiden Spaßvögel dort sollten sich in Acht nehmen!*

Artikel und verwandte Wörter

Man wählt **this** bzw. **these**, um auszudrücken, dass das Bezeichnete in der direkten Nähe ist, z. B. dass man es bei sich hat. Umgekehrt wählt man **that** bzw. **those**, um auszudrücken, dass das Bezeichnete etwas weiter weg ist, z. B. weil es jemand anderes hat, oder es gerade nicht verfügbar ist. Distanz und Nähe kann man also auch im weiteren Sinn verstehen, z. B. zeitlich oder emotional.

This **house is bigger than** that **house.**	*Dieses Haus hier ist größer als das Haus dort drüben.*
Those **applicants weren't as good as the current ones.**	*Jene Bewerber waren nicht so gut wie die jetzigen.*

Beim Erzählen kann man vor einem Substantiv ebenfalls **this** verwenden, um subtil anzudeuten, dass es sich um etwas Ungewöhnliches oder Komisches handelt. So klingt eine Geschichte oft etwas lebendiger

Alison came in wearing this **weird hat.**	*Alison ist mit diesem merkwürdigen Hut auf dem Kopf hereingekommen.*
And then she ate this **huge chocolate cake right after lunch.**	*Und dann aß sie diesen riesigen Schokokuchen direkt nach dem Mittagessen.*

Andere artikelähnliche Wörter

Es gibt noch eine Reihe weiterer Wörter, die wie ein Artikel vor einem Substantiv stehen können.

Some *(etwas/einiges/manches)* wird in Verbindung mit einem unzählbaren Substantiv im Singular oder mit einem Substantiv im Plural gebraucht:

Could I have some **hot tea, please?**	*Könnte ich bitte etwas heißen Tee haben?*
Some **drunks were singing outside my window.**	*Einige Betrunkene sangen vor meinem Fenster.*

Vor einem Substantiv bezeichnet **all** *(alle(s))* alle Personen oder Dinge einer unbegrenzten Menge. Man findet **all** daher häufig in allgemeinen Aussagen:

All **passengers must pay attention during the safety briefing.**	*Alle Passagiere müssen während der Sicherheitsunterweisung aufpassen.*
The course covers all **basic problems.**	*Der Kurs behandelt alle elementaren Probleme.*

Artikelähnliche Wörter

Every bezeichnet vor einem Substantiv alle Personen oder Dinge einer Gruppe im Allgemeinen. Man benutzt **every** immer zusammen mit einem Substantiv im Singular:

In the US every town has at least one motel.	*In den USA hat jede Stadt mindestens ein Motel.*
Every person in the room stood up.	*Alle Leute im Raum standen auf.*
I think Ken knows every single tree in the wood.	*Ich glaube, Ken kennt jeden einzelnen Baum im Wald.*

Im Gegensatz zu **every** betont **each** jedes einzelne Element einer Gruppe. Auch **each** steht immer vor einem Substantiv im Singular:

Each toy is inspected individually.	*Jedes Spielzeug wird einzeln untersucht.*
We admired each item in the window.	*Wir bewunderten jedes Stück im Schaufenster.*

Both vor einem Substantiv im Plural bedeutet alle beide, es betont also, dass beide Elemente gleichermaßen gemeint sind:

Both companies sell green sunscreen.	*Alle beide Firmen verkaufen grünes Sonnenschutzmittel.*
Each crook tried to blame the other, but in the end both men were convicted.	*Jeder der beiden Gauner versuchte, dem anderen die Schuld zu geben, aber schließlich wurden alle beide Männer verurteilt.*

Wenn man dies nicht hervorheben möchte, benutzt man anstelle von **both** eher **the two** *(die beiden/die zwei)*:

The two friends talked on the phone every day.	*Die beiden Freunde telefonierten jeden Tag miteinander.*
The two companies work together.	*Die beiden Firmen arbeiten zusammen.*

Direkt vor einem Substantiv im Singular bedeutet **either** meist *jeder/jede/jedes der beiden* oder auch *entweder das eine oder das andere*. Es bezeichnet also wie **both** zwei Personen oder Dinge, hebt dabei jedoch jede Person oder jeden Gegenstand für sich hervor:

Either dog would be good.	*Jeder der beiden Hunde wäre gut.*
You can have either one but not both.	*Du kannst das eine oder das andere haben, aber nicht beide.*
I don't care; you can give me either kind.	*Mir ist es egal, du kannst mir entweder das eine oder das andere geben.*
The actress came down the corridor with a bodyguard on either side.	*Die Schauspielerin kam mit einem Leibwächter auf jeder Seite den Gang entlang.*

71

Artikel und verwandte Wörter

Neither vor einem Substantiv im Singular bedeutet dagegen *keiner/keine/keines der beiden*:

Neither girl was interested in dolls.	*Keins der beiden Mädchen interessierte sich für Puppen.*
Neither textbook contains any useful information.	*Keins der beiden Lehrbücher enthält irgendwelche nützliche Informationen.*

Das Wörtchen **no** verneint ein Substantiv, es kann jedoch im Gegensatz zu vielen anderen artikelähnlichen Wörtern nicht als Pronomen alleine stehen. Das entsprechende Pronomen zu **no** ist **none** (▶ Weitere Pronomen - **none**):

No news is good news.	*Keine Nachrichten sind gute Nachrichten.*
We waited for celebrities, but none showed up.	*Wir haben auf Berühmtheiten gewartet, aber es tauchten keine auf.*

Man benutzt **no** hauptsächlich vor Substantiven, die das Subjekt eines Satzes bilden. Substantive in der Objektposition verneint man dagegen mit **not ... any**:

Having worked in a chocolate factory, I didn't like any cookies.	*Da ich in einer Schokoladenfabrik gearbeitet hatte, mochte ich keine Kekse.*

Mengen und Maßangaben

7 Quantities and Measurements – Mengen- und Maßangaben

Bei Mengen- und Maßangaben im Englischen ist es wichtig zu unterscheiden, ob diese in Verbindung mit zählbaren oder nicht zählbaren Substantiven stehen (▶ Zählbare und nicht zählbare Substantive). So kann beispielsweise eine grammatikalisch korrekte Antwort auf die Frage *Wie viel Milch habt ihr gekauft?* nicht *zwei* lauten, da man Milch nicht zählen kann. Auf die Frage *Wie viele Hemden hast du gekauft?* kann man jedoch durchaus *zwei* antworten.

Fragen

Im Gegensatz zum Deutschen wird der Unterschied zwischen zählbaren und nicht zählbaren Substantiven bereits bei der Fragestellung nach einer Menge oder einer Maßangabe deutlich. So verwendet man **How many...?**, wenn das darauf folgende Substantiv zählbar ist und im Plural steht. **How much...?** dagegen wird bei Fragen in Verbindung mit nicht zählbaren Substantiven im Singular gebraucht:

How many calves **are there?**	*Wie viele Kälber sind es?*
How much milk **have we got?**	*Wie viel Milch haben wir noch?*

Nicht zählbare Substantive können jedoch durch eine zusätzliche Mengen- oder Maßangabe zählbar gemacht werden, beispielsweise durch die Ergänzung entsprechender Gefäße, die man einzeln zählen kann:

How much **juice should I buy?**	*Wie viel Saft soll ich kaufen?*
How many bottles of **juice should I buy?**	*Wie viele Flaschen Saft soll ich kaufen?*

Wenn in Verbindung mit einem nicht zählbaren Substantiv bereits in der Frage eine Maßeinheit genannt wird und eine mögliche Antwort somit auch zählbare Einheiten ergibt, verwendet man ebenfalls die Frageformel **How many...?**:

How many litres of juice **should I buy?**	*Wie viel Liter Saft soll ich kaufen?*

 Money (*Geld*) ist im üblichen Sinn nicht zählbar:

How much money **do you have on you?**	*Wie viel Geld hast du dabei?*
How much money **has that rich man got?**	*Wie viel Geld hat der reiche Mann?*

Mengen und Maßangaben

Gleichzeitig aber werden Antworten auf Fragen nach Geldmengen oft in zählbaren Währungseinheiten angegeben:

How much money do you have on you?	Wie viel Geld hast du dabei?
I have five dollars and twentyfive cents.	Ich habe fünf Dollar und fünfundzwanzig Cent.
He has three million pounds.	Er hat drei Millionen Pfund.

Many oder *much*?

Zählbare Substantive im Plural verwendet man zusammen mit den Ausdrücken **many** *(viele)*, **few** *(nur wenige)* und **a few** *(einige wenige/ein paar)*:

That library has many good books.	Diese Bibliothek hat viele gute Bücher.
Many people disagree.	Viele Leute sind anderer Meinung.
Eleanor took few blouses along on her trip.	Eleanor nahm nur wenige Blusen auf die Reise mit.
Few people like to swim in cold water.	Nur wenige Leute schwimmen gern in kaltem Wasser.
A few coins fell on the floor.	Einige Münzen fielen auf den Boden.
There were a few candles in the drawer.	Da waren ein paar Kerzen in der Schublade.

Quite a few in Verbindung mit einem zählbaren Substantiv im Plural bedeutet *relativ viele* oder *nicht wenige*:

Ralph read quite a few books while he was recovering.	Ralph hat nicht wenige Bücher gelesen, während er sich erholt hat.
Quite a few people have read Shakespeare.	Ziemlich viele Leute haben Shakespeare gelesen.

Nicht zählbare Substantive im Singular werden dagegen in Verbindung mit **much** *(viel)*, **little** *(nur wenig)* und **a little** *(ein wenig/ein bisschen)* gebraucht:

There isn't much to eat in the house.	Es ist nicht viel zu essen im Haus.
Don't make so much noise!	Mach nicht so viel Lärm!
The pupils had little homework to do.	Die Schüler hatten nur wenig Hausaufgaben auf.
Olga ate little soup but much cake.	Olga hat wenig Suppe, aber viel Kuchen gegessen.
A little rest would do you good.	Ein bisschen Ausruhen würde dir gut tun.
Would you like a little milk with your coffee?	Möchten Sie ein bisschen Milch in Ihren Kaffee?

Mengen und Maßangaben

Die Konstruktion **a lot (of)** *(viel(e))* hat dieselbe Bedeutung wie **much** oder **many** und kann sowohl mit zählbaren als auch mit nicht zählbaren Substantiven kombiniert werden. **A lot (of)** klingt dabei oft natürlicher als **much** oder **many**, man kann diese Konstruktion jedoch nicht mit **too** (*zu* im Sinne von *übermäßig*, z.B. **to fast** – *zu schnell*) kombinieren:

We ate a lot of lasagna.	*Wir haben viel Lasagne gegessen.*
We talked to a lot of people who we knew.	*Wir haben mit vielen Leuten gesprochen, die wir kannten.*

aber:

We ate too much lasagna.	*Wir haben zu viel Lasagne gegessen.*
We talked to too many people.	*Wir haben mit zu vielen Leuten gesprochen.*

75

Adjektive

8 Adjectives – Adjektive

Allgemeine Bemerkungen

Im Gegensatz zu Adjektiven im Deutschen, die sich jeweils nach dem dazugehörigen Substantiv richten und dabei ihre Form verändern, sind Adjektive im Englischen in ihrer Grundform immer gleich:

The hungry dog stole the sausage.	Der hungrige Hund hat die Wurst gestohlen.
I fed a hungry cat.	Ich habe eine hungrige Katze gefüttert.
The two hungry lions were fighting over some meat.	Die beiden hungrigen Löwen haben um ein Stück Fleisch gekämpft.

Auch Partizipien (Participles) verwendet man im Englischen sehr häufig als Adjektive. So besitzt beispielsweise das Past Participle, das zur Bildung des Passivs gebraucht wird (▶ Passive Forms), als Adjektiv ebenfalls oft eine Passivbedeutung:

The lost keys turned up in the pocket of a thief.	Die verlorenen Schlüssel tauchten in der Tasche eines Diebes auf.
The needed funds were provided by a local millionaire.	Die benötigten Gelder wurden von einem hiesigen Millionär bereitgestellt.

Die Kombination aus einem Past Participle als Adjektiv und einem Substantiv kann daher auch als Passivsatz ausgedrückt werden:

The keys that were lost turned up in the pocket of a thief.	Die Schlüssel, die verloren worden waren, tauchten in der Tasche eines Diebes auf.
The funds that were needed were provided by a local millionaire.	Die Gelder, die benötigt wurden, wurden von einem hiesigen Millionär bereitgestellt.

Das Present Participle (die **ing**-Form eines Verbs) kann man ebenfalls als Adjektiv verwenden. Es deutet dabei oft auf ein Ereignis hin, das gerade im Gange ist und besitzt meist eine Aktivbedeutung:

The falling tree hit Cassie's house.	Der herunterfallende Baum traf Cassies Haus.
Let sleeping dogs lie.	Schlafende Hunde soll man nicht wecken.

Sehr häufig übersetzt man ein Present Participle, das als Adjektiv gebraucht wird, auch mit einem Relativsatz ins Deutsche:

The losing team must pay for the drinks.	Die Mannschaft, die verliert, muss die Getränke bezahlen.

Steigerungsformen

Beachte, dass Adjektive, die eine Nationalität bezeichnen, genau wie die entsprechenden Substantive (▶ Groß- und Kleinschreibung) ebenfalls immer großgeschrieben werden:

Let's order an English breakfast.	Bestellen wir uns ein englisches Frühstück.
Bobby finally woke up from the American dream.	Bobby wachte schließlich aus dem amerikanischen Traum auf.

Steigerungsformen

Die meisten einsilbigen und eine Reihe von zweisilbigen Adjektiven lassen sich wie folgt steigern:

GRUNDFORM		KOMPARATIV		SUPERLATIVE	
tall	*groß*	**taller**	*größer*	**tallest**	*am größten*
late	*spät*	**later**	*später*	**latest**	*am spätesten*

Neben der Grundform besitzen Adjektive also eine so genannte Komparativform (Comparative) und eine Superlativform (Superlative). Man bildet den Komparativ bei den meisten einsilbigen Adjektiven und bei zweisilbigen Adjektiven, die auf **–le, –er, –ow** oder **–y** enden, in der Regel durch Anhängen von **–er** an die Grundform. Beim Superlativ hingegen hängt man **–est** an die Grundform des Adjektivs:

Vincent is tall, but Nick is taller.	Vincent ist groß, aber Nick ist größer.
That elephant is the biggest.	Der Elefant da ist der größte.
Harold's newest tie has red lobsters on a white background.	Harolds neueste Krawatte hat rote Hummer auf einem weißen Hintergrund.

Bei Adjektiven, die in der Grundform auf Konsonant + y enden, wird das **y** zu **ie**, wenn **-er** oder **-est** angehängt wird:

funny → funnier → funniest	*witzig, merkwürdig*
No one is funnier than Jerry Lewis.	*Keiner ist lustiger als Jerry Lewis.*

77

Adjektive

Es gibt aber auch einige unregelmäßig gebildete Steigerungsformen. Diese lernt man am besten auswendig:

GRUNDFORM	KOMPARATIV	SUPERLATIV	ÜBERSETZUNG
bad	worse	worst	*schlecht, schlimm*
good	better	best	*gut*
well	better	best	*gesund*
far	farther, further	farthest, furthest	*weit*
little	less	least	*wenig*
much	more	most	*viel*
many	more	most	*viele*

The patient looked better after a while.	*Nach einer Weile sah der Patient besser aus.*
That was the worst day of my life!	*Das war der schlimmste Tag in meinem Leben!*

Die Steigerung mit *more* und *most*

Adjektive, die in der Grundform aus mehr als zwei Silben bestehen und die meisten zweisilbigen Adjektive, die nicht auf **–le, –er, –ow** oder **–y** enden, werden mit **more** im Komparativ und **most** im Superlativ gesteigert:

It was the most interesting thing in the world!	*Es war das interessanteste Ding der Welt!*
The painting became more beautiful every day.	*Das Gemälde wurde jeden Tag schöner.*
This room is most comfortable.	*Dieser Raum ist am bequemsten.*

Bei einigen zweisilbigen Adjektiven sind beide Steigerungsformen möglich. Hier entscheidet oft das Sprachgefühl – beide Möglichkeiten sind jedoch grammatikalisch korrekt:

I have never seen a plan that was simpler!	*Ich habe noch nie einen einfacheren Plan gesehen!*
I have never seen a plan that was more simple!	

Einige zweisilbige, aus dem Lateinischen oder Griechischen stammende Adjektive werden ebenfalls mit **more** und **most** gesteigert:

Her style has become more modern.	*Ihr Stil ist moderner geworden.*
Al isn't the most patient person.	*Al ist nicht der geduldigste Mensch.*

Adjektive und Substantive

Genauso steigert man die meisten Adjektive, die von der Partizipform eines Verbs abgeleitet werden, mit **more** und **most**:

The new assistant had the most glaring handwriting.	*Der neue Assistent hatte die schlimmste Handschrift.*
Ron thought geometry was more boring than biology, but Delia thought it was the most fascinating subject.	*Ron meinte, Geometrie sei langweiliger als Biologie, aber Delia meinte, es sei das faszinierendste Fach.*

Auch Adjektive, die die Zugehörigkeit zu einer bestimmten Gruppe (Nationalität, Religion, ...) ausdrücken, werden mit **more** und **most** gesteigert:

The immigrants were more French than the French themselves.	*Die Einwanderer waren französischer als die Franzosen selbst.*

Adjektive und Substantive

In der Regel stehen Adjektive direkt vor einem Substantiv:

The furious passenger wanted his money back.	*Der wütende Passagier wollte sein Geld zurück.*
The small TV is more expensive.	*Der kleine Fernseher ist teurer.*

Es kann jedoch auch vorkommen, dass ein Adjektiv von einer Präposition und einem Objekt gefolgt wird. Da diese Kombination sehr lang ist, steht das Adjektiv in solch einem Fall nach dem Substantiv:

Parents proud of their children like to tell others about them.	*Eltern, die stolz auf ihre Kinder sind, erzählen gern anderen Leuten von ihnen.*
Anybody as furious about a delayed flight would want their money back, too.	*Jeder, der so wütend über einen verspäteten Flug ist, würde auch sein Geld zurückhaben wollen.*

Wenn das Substantiv überflüssig ist

Wenn bereits aus dem Zusammenhang klar wird, von welchem Substantiv die Rede ist, kann im Deutschen ein Adjektiv oft auch alleine stehen, zum Beispiel in dem Satz *Ich nehme den Gelben*. Dies ist im Englischen nicht möglich; hier müssen Adjektive immer in Verbindung mit einem Substantiv oder einem Pronomen stehen, wie beispielsweise dem Pronomen **one**:

I'll take the yellow one.	*Ich nehme den Gelben.*
Do you mean the fat one or the skinny one?	*Meinst du den Dicken oder den Dünnen?*

Adjektive

Adjektive nach Verben

Man kann Adjektive auch nach gewissen Verben wie **be** (*sein*), **seem** und **appear** (*scheinen, vorkommen*), **get** und **become** (*werden*) oder **stay** und **remain** (*bleiben*) verwenden. Dabei passen **seem**, **get** und **stay** besser zur gesprochenen Sprache als **appear, become** und **remain**:

You're crazy!	*Du bist verrückt!*
The book on PCs seemed interesting.	*Das Buch über Computer schien interessant zu sein.*
You won't get rich that way.	*So wirst du nicht reich.*
The class remained quiet.	*Die Klasse blieb ruhig.*

Adjektive, die eine Farbe bezeichnen, stehen häufig nach dem Verb **turn** (*werden*):

Julia turned red with embarrassment.	*Julia wurde rot vor Verlegenheit.*
When I washed my new jeans, the water turned blue – and so did all the other clothes.	*Als ich meine neue Jeans gewaschen habe, ist das Wasser blau geworden – und die andere Kleidung auch.*

Auch nach einigen Verben der Sinneswahrnehmung wie **look** (*aussehen*), **sound** (*klingen/sich anhören*), **taste** (*schmecken*), **smell** (*riechen*) und **feel** (*sich anfühlen*) steht oft ein Adjektiv:

Everyone looked great.	*Alle haben toll ausgesehen.*
This old Easter egg smells rotten.	*Dieses alte Osterei stinkt.*
It felt right.	*Es fühlte sich richtig an.*

Die Adjektive *good, well* und *own*

Als Adjektive bedeuten **good** *gut,* oder *brav* und **well** *gesund*. **Good** ist ein sehr allgemeines Wort mit vielen Verwendungsmöglichkeiten, während das Adjektiv **well** sich nur auf die Gesundheit bezieht:

They enjoyed the good meal.	*Sie haben das gute Essen genossen.*
The children were being good.	*Die Kinder waren im Moment brav.*
I don't feel well.	*Ich fühle mich krank.*
His old mother isn't looking well.	*Seine alte Mutter sieht zur Zeit recht krank aus.*

Das Adjektiv **own** steht immer nur nach einem Possessivpronomen:

She makes all her own hats herself.	*Sie macht ihre Hüte alle selbst.*
I feel like a stranger in my own house.	*Ich fühle mich wie ein Fremder im eigenen Haus.*

Vergleiche

Die Komparativ- und Superlativformen der Adjektive werden oft benötigt, um Dinge miteinander zu vergleichen. Oft benutzt man beispielsweise den Komparativ, um zwei Dinge zu vergleichen, während man mit dem Superlativ mehrere Dinge vergleichen kann:

Geraldine is the older of the two sisters.	*Geraldine ist die ältere der zwei Schwestern.*
Geraldine is the oldest of the three sisters.	*Geraldine ist die älteste der drei Schwestern.*

Vergleiche mit *than*

Möchte man also zwei unterschiedliche Dinge miteinander vergleichen, so verwendet man oft den Komparativ und das Wörtchen **than** *(als)*:

Kate is happier than Stephanie.	*Kate ist glücklicher als Stephanie.*
My computer is more powerful than your computer.	*Mein Computer ist leistungsfähiger als dein Computer.*

Dies gilt auch, wenn das erste weniger von der Eigenschaft hat:

The stepsisters were less beautiful than Cinderella.	*Die Stiefschwestern waren nicht so schön wie Aschenputtel.*

Beachte, dass Personalpronomen, die in Vergleichen alleine stehen, meist in der Objektform auftreten:

His brother is much taller than him.	*Sein Bruder ist viel größer als er.*

In Vergleichssätzen kann **than** auch einen Nebensatz einleiten. Dieser besteht häufig aus einem Subjekt und einem Hilfsverb:

Sarah looks older than Jessica does.	*Sarah sieht älter aus als Jessica.*
Stephen was less experienced in catching potato bugs than Meredith was.	*Stephen hatte weniger Erfahrung im Fangen von Kartoffelkäfern als Meredith.*

Man kann statt des Hilfsverbs auch ein Vollverb verwenden:

Law is more interesting than it looks.	*Jura ist interessanter als man denkt.*

Adjektive

Vergleiche mit *as ... as*

Möchte man ausdrücken, dass zwei Dinge gleich sind, so verwendet man die Konstruktion **as ... as** zusammen mit der Grundform eines Adjektivs:

Gary looks as healthy as his father.	*Gary sieht so gesund aus wie sein Vater.*
Jim is not as tall as John.	*Jim ist nicht so groß wie John.*

Natürlich kann die „Gleichheit" auch verneint werden.

This house is not as big as that one.	*Dieses Haus ist nicht so groß wie das hier.*
You're not as beautiful as Snow White!	*Du bist nicht so schön wie Schneewittchen!*

Ebenso wie **than** kann das zweite **as** einen Nebensatz einleiten:

The soup tastes just as sweet as the cake does.	*Die Suppe schmeckt genauso süß wie der Kuchen.*
Their children are as fat as they are.	*Ihre Kinder sind genauso dick wie sie.*
Paddy was as pleasant as I had expected him to be.	*Paddy war so liebenswürdig wie ich ihn mir vorgestellt hatte.*

„Am meisten"

Nach einem Verb kann der Superlativ eines Adjektivs mit oder ohne den bestimmten Artikel **the** stehen:

The old lady was (the) friendliest.	*Die alte Dame war am freundlichsten.*

Möchte man eine Gruppe nennen, aus der man ein Extrembeispiel in der Superlativform hervorhebt, so fügt man die Gruppe mit **of** an. Beachte jedoch, dass der Superlativ in diesem Fall immer mit dem bestimmten Artikel **the** steht:

Brady was the stupidest of our students.	*Brady war der dümmste unserer Studenten.*
That story was the funniest of all.	*Diese Geschichte war die witzigste von allen.*

Allgemeine Fragen

Eine sehr allgemeine Frage nach den Eigenschaften einer Sache ist die Frage **What is it like?** *(Wie ist es?)*. Natürlich kann man diese Frage durch bestimmte Zeitformen oder zum Beispiel auch in Verbindung mit Modalverben entsprechend umgestalten:

What's the weather been like?	*Wie war das Wetter in letzter Zeit?*
What should the drawing be like?	*Wie soll die Zeichnung aussehen?*

Sehr ähnlich ist die Frage **How is it?** *(Wie ist es?)*. Beachten Sie jedoch, dass man mit dieser Frage eher nach dem Empfinden des Gesprächspartners fragt und darauf eine Beurteilung oder Einschätzung seines Gegenübers erwartet:

How's the pumpkin salad?	*Wie ist der Kürbissalat?*

Vergleiche folgende Dialoge:

SPRECHER A:	
What was the music like?	*Wie war die Musik?*
SPRECHER B:	
It was a mixture of jazz and blues.	*Es war eine Mischung aus Jazz und Blues.*

SPRECHER A:	
How was the music?	*Wie war die Musik?*
SPRECHER B:	
It was too loud, the pianist wasn't very good, but otherwise it was all right.	*Sie war zu laut, der Klavierspieler war nicht sehr gut, aber sonst war sie in Ordnung.*

Wenn man die Frage **How is/are ...?** auf Personen bezieht, wird sie zu einer Frage nach deren Gesundheit oder Wohlbefinden:

How are your parents?	*Wie geht's deinen Eltern?*
Hi! How's it going?	*Hallo! Wie läuft's?*

Adjektive

Möchte man nach der Farbe von etwas fragen, so verwendet man **What colour...?** und eine entsprechende Form des Verbs **be**:

SPRECHER A:	
What colour is it?	*Welche Farbe hat es?*

SPRECHER B:	
It's blue and green.	*Es ist blau und grün.*

Fragen mit Verben der Sinneswahrnehmung

In Verbindung mit Verben der Sinneswahrnehmung haben allgemeine Fragen oft die Form **What ... like?**:

What does it look like?	*Wie sieht es aus?*
What did the perfume smell like?	*Wie hat das Parfüm gerochen?*

Adverbien

9 Adverbs – Adverbien

Der Unterschied zwischen Adjektiven und Adverbien

Adjektive und Adverbien (Adverbs) haben im Deutschen dieselbe Form. Deshalb fällt es vielen Lernern oft schwer, die beiden Wortarten voneinander zu unterscheiden. Im Englischen haben viele Adverbien jedoch eine eigene Form, und darüber hinaus gibt es eine Reihe von weiteren Merkmalen, anhand derer man Adverbien von Adjektiven unterscheiden kann.

Adjektive bestimmen in der Regel immer ein Substantiv näher:

The little mouse was nervous. *Die kleine Maus war nervös.*

Dagegen können Adverbien zum Beispiel ein Verb, ein Adjektiv, ein anderes Adverb oder sogar einen ganzen Satz näher bestimmen:

ADVERB + VERB:	
The jogger quickly ran into the house and immediately disappeared into the bathroom.	*Der Jogger lief schnell ins Haus und verschwand sofort ins Bad.*
ADVERB + ADJEKTIV:	
The rather relieved parents welcomed their extremely late son home.	*Die Eltern waren ganz erleichtert und hießen ihren Sohn, der sehr spät nach Hause kam, willkommen.*
ADVERB + ADVERB:	
You've weeded the garden very thoroughly.	*Du hast den Garten aber sehr gründlich gejätet.*

Die Bildung von Adverbien

Die meisten Adverbien bildet man einfach durch Anhängen von **-ly** an die Grundform eines Adjektivs:

ADJEKTIV		ADVERB	ÜBERSETZUNG
quick	→	**quickly**	*schnell*
beautiful	→	**beautifully**	*schön*
bad	→	**badly**	*schlecht*

85

Adverbien

Endet ein Adjektiv jedoch auf –y oder –able / –ible, so verändert sich auch die Schreibweise eines daraus abgeleiteten Adverbs wie folgt:

ADJEKTIV		ADVERB	ÜBERSETZUNG
tidy	→	**tidily**	*ordentlich, sauber*
probable	→	**probably**	*wahrscheinlich*
horrible	→	**horribly**	*schrecklich*

Besonders in der Umgangssprache kann es gelegentlich auch vorkommen, dass die Endung **–ly** einfach weggelassen wird:

He drank quick.　　　　　　　*Er trank echt schnell.*

Wichtige Ausnahmen

Einige Adverbien haben dieselbe Form wie das entsprechende Adjektiv:

back	*zurück*	**high**	*hoch*
close	*nahe*	**late**	*spät*
deep	*tief*	**left/right**	*links/rechts*
early	*früh*	**long**	*lang*
enough	*genug*	**near**	*nah*
far	*weit*	**right/wrong**	*richtig/falsch*
fast	*schnell*	**straight**	*gerade, direkt*
hard	*kräftig, hart*		

Ob es sich also um ein Adjektiv oder ein Adverb handelt, muss man sich in diesem Fall jeweils aus dem Satzzusammenhang erschließen:

ADJEKTIVE:	
Their service is fast.	*Ihr Service ist schnell.*
But that hotel is too far from the train station.	*Aber das Hotel ist zu weit vom Bahnhof entfernt.*
Who knows the right answer?	*Wer weiß die richtige Antwort?*
ADVERBIEN:	
On a clear day you can see far.	*Bei klarem Wetter kann man weit sehen.*
Can't you do anything right?	*Kannst du denn nichts richtig machen?*

86

Adverbien

 Einige der genannten Wörter bilden dennoch ein Adverb auf **–ly**, dieses hat aber eine ganz andere Bedeutung:

hardly	kaum	**nearly**	beinahe, fast
deeply	tief	**closely**	nah
lately	kürzlich, vor kurzem		

I **hardly** know him!	Ich kenne ihn kaum.
They **nearly** missed the train.	Sie hätten fast den Zug verpasst.

Well

Das Wort **well** wird im Englischen unterschiedlich gebraucht. **Well** bedeutet als Adverb *gut*, während es als Adjektiv die Bedeutung *gesund* hat:

ADJEKTIV:
He was **well** when I was there. — Als ich dort war, war er gesund.
ADVERB:
They did their work **well**. — Sie machten ihre Arbeit gut.

 In der gesprochenen Sprache benutzt man **well** auch als Verlegenheitswort, im Sinne von *nun* oder etwa *ähm*:

Well, sometimes it's hard to see.	Nun, manchmal ist es schwer zu erkennen.
Well ... can I ask you something?	Ähm ... kann ich Dich was fragen?

(▶ **Adjectives** - Eigenschaftswörter: Good/well)

Adjektive mit der Endung -ly

Es gibt eine Reihe von Adjektiven, die bereits auf **-ly** enden, wie zum Beispiel **elderly** *(betagt)*, **sickly** *(kränklich)*, **kindly** *(liebenswürdig)*, **likely** *(wahrscheinlich)* und **friendly** *(freundlich)*. Von diesen Adjektiven kann man kein Adverb ableiten, das heißt man kann sie auch nur als Adjektive benutzen:

A nurse takes care of their **sickly** child.	Eine Krankenschwester pflegt ihr kränkliches Kind.
A **kindly** woman helped us.	Eine liebenswürdige Frau hat uns geholfen.
It was **likely** that they would start fighting again.	Sehr wahrscheinlich würden sie wieder anfangen zu streiten.
There comes that **friendly** man with his dachshund.	Da kommt dieser freundliche Herr mit seinem Dackel.

Adverbien

Probably – more/most likely

Wenn man ein Adverb mit der Bedeutung *wahrscheinlich* verwenden möchte, greift man am besten auf **probably** zurück. Man kann aber auch **more likely** und **most likely** als gesteigerte Adverbien gebrauchen!

They've probably gone home already.	*Wahrscheinlich sind sie schon nach Hause gegangen.*
Eric most likely was after the ice cream.	*Sehr wahrscheinlich hatte es Eric auf das Eis abgesehen.*

Friendly

Da sich von dem Adjektiv **friendly** kein Adverb ableiten lässt, muss man eine Umschreibung wählen, wenn man trotzdem eine adverbiale Bedeutung ausdrücken möchte. Hier eignen sich Konstruktionen wie **in a friendly way** oder das etwas formellere **in a friendly manner**:

Whitney looked up in a friendly manner.	*Whitney schaute freundlich auf.*
The parents shook hands in a friendly way.	*Die Eltern gaben sich freundlich die Hand.*

Home

In bestimmten Zusammenhängen kann man das Wort **home** als Adverb benutzen. **Home** gibt dann eine Richtung an und bedeutet *nach Hause*:

Ray got fed up and went home.	*Ray hatte die Nase voll und ging nach Hause.*
Everybody was driving home from vacation on the same day.	*Alle fuhren am selben Tag aus dem Urlaub nach Hause.*

Ansonsten wird **home** oft in Verbindung mit der Präposition **at** verwendet: **At home** bedeutet *zu Hause*. Besonders im Amerikanischen Englisch kann man **at** vor allem nach den Verben **be**, **stay** und **remain** auch weglassen:

Many college students live at home with their parents.	*Viele Studenten wohnen zu Hause bei ihren Eltern.*
They were home but refused to open the door.	*Sie waren zu Hause, aber wollten nicht aufmachen.*

Steigerung

Die Steigerung der Adverbien

Ähnlich wie bei den Adjektiven (▶ Die Steigerung der Adjektive) werden einsilbige Adverbien sowie das Adverb **early** (*früh*) im Komparativ durch Anhängen von **–er** und im Superlativ durch Anhängen von **–est** gesteigert:

GRUNDFORM	KOMPARATIV	SUPERLATIV	ÜBERSETZUNG
close	closer	closest	*nahe*
early	earlier	earliest	*früh*
fast	faster	fastest	*schnell*
hard	harder	hardest	*hart, kräftig*
wide	wider	widest	*weit, breit*

Adverbien mit zwei oder mehr Silben steigert man dagegen mit **more** und **most**:

GRUNDFORM	KOMPARATIV	SUPERLATIV	ÜBERSETZUNG
beautifully	more beautifully	most beautifully	*schön*
effectively	more effectively	most effectively	*effektiv, wirkungsvoll*

He sang the most beautifully.	*Er sang am schönsten.*

Natürlich gibt es auch bei den Adverbien einige unregelmäßige Steigerungsformen:

GRUNDFORM	KOMPARATIV	SUPERLATIV	ÜBERSETZUNG
badly	worse	worst	*schlecht*
far	farther, further	farthest, furthest	*weit*
little	less	least	*wenig*
much	more	most	*viel*
well	better	best	*gut*

Am besten lernt man diese unregelmäßigen Adverbien einfach auswendig. Hier noch ein paar Beispiele:

The sound of jets overhead bothers my parents less than our neighbours' music.	*Der Lärm von Düsenflugzeugen stört meine Eltern weniger als die Musik von unseren Nachbarn.*
I liked her third novel the most.	*Mir hat ihr dritter Roman am besten gefallen.*

Adverbien

Adverbien im Satz

Während Adverbien, die ein Adjektiv oder ein anderes Adverb näher bestimmen, meist unmittelbar vor dem entsprechenden Wort stehen, können Adverbien, die ein Verb oder auch einen ganzen Satz näher bestimmen, an unterschiedlichen Positionen im Satz vorkommen. Adverbien der Art und Weise können im Satz oft vor einem Verb stehen:

Dustin had carefully brushed his coat.	Dustin hatte seinen Mantel sorgfältig gebürstet.
Ruby cheerfully hummed a song.	Ruby summte fröhlich ein Lied.

Sie können jedoch auch nach dem Objekt des Verbs stehen. Besitzt das entsprechende Verb kein Objekt, so kann man das Adverb direkt nach dem Verb einsetzen:

Dustin had brushed his coat carefully.	Dustin hatte seinen Mantel sorgfältig gebürstet.
Ruby hummed a song cheerfully.	Ruby summte fröhlich ein Lied.
The police appeared quickly.	Die Polizei erschien schnell.

 Beachte aber, dass das Adverb nie zwischen dem Verb und dem Objekt stehen kann. Adverbien der Häufigkeit stehen meistens unmittelbar vor oder direkt nach dem (ersten) Hilfsverb im Satz. Ist kein Hilfsverb vorhanden, so steht das Adverb zwischen dem Subjekt des Satzes und dem Vollverb:

Jo would never do such a thing.	Jo würde so was nie machen.
I sometimes have seen him there.	Ich habe ihn manchmal dort gesehen.
The train usually arrives on time.	Der Zug kommt meistens pünktlich an.

Die Adverbien **always** (*immer*), **usually** (*meistens*), **often** (*oft*), **frequently** (*häufig*), **sometimes** (*manchmal*), **occasionally** (*gelegentlich*) können zur Betonung auch am Satzanfang stehen:

Usually the train arrives on time, but where is it today?	Meistens kommt der Zug pünktlich an, aber wo bleibt er denn heute?
Occasionally they visit Marcus, but more often they stay home and gossip about him.	Gelegentlich besuchen sie Marcus, aber öfter bleiben sie daheim und tratschen über ihn.
Frequently they met at the bus stop.	Häufig trafen sie sich an der Bushaltestelle.
Sometimes they even went to the cinema together.	Manchmal gingen sie sogar zusammen ins Kino.

Adverbien

Auch Adverbien mit einer negativen Bedeutung, wie zum Beispiel **never** *(niemals)*, können am Satzanfang stehen (▶ Kapitel Verneinung). Beachte jedoch, dass dabei das Subjekt und das Hilfsverb ihre Position im Satz tauschen:

Never had I felt so embarrassed!   *Nie habe ich mich so geschämt!*

Dasselbe geschieht auch bei Adverbien der Zeit, des Ortes oder der Richtung, zum Beispiel also bei **here, now, down, up** oder **there**:

Here comes the bus.	*Da kommt der Bus.*
Now is the time to say goodbye.	*Jetzt ist es an der Zeit, sich zu verabschieden.*
Down came the rain.	*Da fiel der Regen literweise!*
There stood a confused student.	*Da stand ein verwirrter Schüler.*

Konjunktionen

10 Coordinating Conjunctions – Bindewörter

And, but und *or*

Die Bindewörter **and** *(und)*, **but** *(aber)* und **or** *(oder)* können sowohl Hauptsätze als auch andere Satzteile miteinander verbinden:

Verbindung von Hauptsätzen

Carol chose a book on difficult parents, and her mother chose one on difficult children.	Carol suchte sich ein Buch über schwierige Eltern aus, und ihre Mutter suchte sich eins über schwierige Kinder aus.
The boy wanted an ice-cream cone, but his parents wouldn't buy him one before dinner.	Der Junge wollte ein Eis, aber seine Eltern weigerten sich, ihm eins vor dem Abendessen zu kaufen.
Perhaps Jerry was looking for a raccoon, or perhaps he was going to dig holes in the flower garden.	Vielleicht hat Jerry nach einem Waschbär gesucht, oder vielleicht ist er auch Löcher im Blumengarten graben gegangen.

 Hauptsätze, auch solche die durch **and, but** oder **or** miteinander verbunden sind, werden durch Komma getrennt. Sind die Hauptsätze jedoch sehr kurz, kann man das Komma vor der Konjunktion weglassen:

Beth is a student and she lives in Berlin.	Beth ist Studentin und sie lebt in Berlin.

Verbindung von anderen Satzteilen

We looked for Perry in his room but not under the bed.	Wir haben Perry in seinem Zimmer gesucht, aber nicht unterm Bett.
My cat loves strawberries and cream – or at least the cream.	Meine Katze liebt Erdbeeren mit Sahne – oder zumindest die Sahne.

Konjunktionen

Both ... and, either ... or und *neither ... nor*

Auch mit den Formeln **both ... and** (*sowohl ... als auch*), **either ... or** (*entweder ... oder*) und **neither ... nor** (*weder ... noch*) kann man zwei Satzteile miteinander verbinden:

Both our dog **and** our cat love to go for walks.	*Sowohl unser Hund als auch unsere Katze gehen gern spazieren.*
Either Harvey is lying, **or** there's an elephant hiding in the backyard.	*Entweder Harvey lügt, oder ein Elefant hat sich im Hinterhof versteckt.*
The travellers found **neither** an oasis **nor** the promised camels.	*Die Reisenden fanden weder eine Oase noch die versprochenen Kamele vor.*

Wenn man zwei Hauptsätze mit **neither ... nor** verbinden möchte, muss man darauf achten, dass **neither** im ersten Satz nach dem Subjekt steht und im zweiten Satz nach **nor** ein Hilfsverb vor dem Subjekt stehen muss:

Sylvia **neither** intended to get married, **nor did** she approve of living together.	*Sylvia hatte weder vor zu heiraten, noch hielt sie viel vom Zusammenleben.*

93

Satzbau

11 Sentence Structure – Satzbau

Der Aussagesatz

Vor dem Verb

Im Deutschen können Aussagesätze entweder von einem Subjekt oder von einer Satzergänzung (zum Beispiel von einem Objekt oder einer adverbialen Ergänzung) eingeleitet werden. Beginnt ein Satz mit einer Satzergänzung, so rückt das konjugierte Verb vor das Subjekt des Satzes:
Lebensmittel kaufen wir immer im Supermarkt.

Auch im Englischen können Aussagesätze mit einer Satzergänzung anfangen, das Subjekt des Satzes steht dabei dennoch immer vor dem konjugierten Verb:

After the conference some of the teachers **went out for a drink.**	*Nach der Konferenz sind einige Lehrer etwas trinken gegangen.*
The chewing gum, she **liked; the cream pie,** she **didn't like.**	*Den Kaugummi mochte sie, die Cremetorte mochte sie nicht.*

Auch wenn ein Satz mit einem Nebensatz beginnt, steht das Subjekt des Hauptsatzes im Englischen vor dem konjugierten Verb:

Although it was late, we **didn't go home.**	*Obwohl es spät war, sind wir nicht nach Hause gegangen.*

Nach dem Verb

Eine ganze Reihe von Phrasen kann nach dem Vollverb eines Satzes stehen. In der Regel bestehen einfache Aussagesätze im Englischen aus einem Subjekt, gefolgt von einem Verb und einem oder mehreren Objekten. Sie haben also die folgende Struktur:

SUBJEKT	**+**	VERB	**+**	OBJEKT

Zusätzlich gibt es jedoch eine Reihe von Satzergänzungen, mit denen man einen Aussagesatz erweitern kann, wie zum Beispiel adverbiale Bestimmungen. Beachte dabei die richtige Reihenfolge im Satz: Nach dem Objekt folgt in der Regel, sofern vorhanden, eine adverbiale Bestimmung der Art und Weise, dann eine Bestimmung des Ortes, und schließlich eine adverbiale Bestimmung der Zeit. Natürlich enthält nicht jeder Aussagesatz all diese Satzergänzungen gleichzeitig, achte aber dennoch immer auf die richtige Reihenfolge:

Rick ate at the restaurant on Tuesday.	*Rick hat am Dienstag in dem Restaurant gegessen.*
The guru explained yoga to his pupils.	*Der Guru erklärte seinen Schülern Yoga.*

Nebensatz-Fragen

Darüber hinaus gilt, dass längere Satzelemente eher am Ende eines Aussagesatzes stehen. Auch Nebensätze tauchen oft am Satzende auf, obwohl man sie vielleicht an einer anderen Stelle erwarten würde:

I finally found the missing exam papers yesterday where no one would ever think to look.	Schließlich habe ich die Klausuren gestern dort gefunden, wo es niemandem in den Sinn käme zu schauen.

Indirekte Fragesätze

Nebensätze, die eine Frage beinhalten, bezeichnet man als indirekte Fragesätze. Diese werden in der Regel von Verben wie **ask** (*fragen*), **wonder** (*sich fragen*), **know** (*wissen*) etc. und einem Fragewort (**who, where, when, what, how, ...**) eingeleitet:

He asked what I thought about the book.	Er fragte, was ich über das Buch dachte.
He asked whether I liked the book.	Er fragte, ob ich das Buch mochte.

Ob-Fragen

She asked whether I ski.	Sie fragte, ob ich Ski fahre.
He asked his friend whether she had seen that film.	Er fragte seine Freundin, ob sie den Film schon gesehen hätte.

If und **whether** bedeuten also beide *ob*:

They hadn't heard whether Karen was working in town.	Sie hatten nicht gehört, ob Karen in der Stadt arbeitete.
I'm not sure if we need cheese for the pizza.	Ich bin mir nicht sicher, ob wir Käse für die Pizza brauchen.

Die Wörter **if** und **whether** haben grundsätzlich dieselbe Bedeutung, wobei **whether** etwas formeller klingt.

 Nachgestellte Nebensätze (also auch Nebensatzfragen), die mit **that, what, when, because**, etc. beginnen, werden nicht durch Komma abgetrennt. Dies ist für Deutsche die häufigste Fehlerquelle in der Kommasetzung!

Satzbau

Indirect Speech – Indirekte Rede

Zeitanpassung

Neben der direkten Rede (direct speech) gibt es auch die Möglichkeit davon zu berichten, was eine Person gesagt hat. Dies geschieht in der Regel mit einem Nebensatz, der durch **that** (*dass*) eingeleitet wird und in der so genannten indirekten Rede (indirect speech) steht:

DIRECT SPEECH:

She said, "Rover bit the policeman."

INDIRECT SPEECH:

She said that Rover had bitten the policeman.

Bei der direkten Rede hat man am Gesagten natürlich nichts zu ändern.

Die Zeitformen der Verben in der indirekten Rede richten sich nach der jeweiligen Zeitform des Verbs im Hauptsatz: Steht das Verb im Hauptsatz in der Gegenwart (also im Simple Present oder auch im Present Perfect) oder in der Zukunft (zum Beispiel in der Zukunft mit **will**), dann werden die Zeitformen der Verben in der indirekten Rede nicht verändert. Steht das Verb im Hauptsatz jedoch in der Vergangenheit (zum Beispiel im Simple Past), dann verändern sich die Zeitformen der Verben in der indirekten Rede: So wird beispielsweise aus dem Simple Present in der indirekten Rede das Simple Past, und aus dem Simple Past wird das Past Perfect (die Vorvergangenheit). Hier einige Beispiele:

HAUPTSATZ IN DER GEGENWART ODER ZUKUNFT

He says that the painting is finished.	*Er sagt, dass das Gemälde fertig ist.*
She will want to know what you've done.	*Sie wird wissen wollen, was ihr getan habt.*
They have told me that they plan to buy coconuts.	*Sie haben mir gesagt, dass sie vorhaben, Kokosnüsse zu kaufen.*

HAUPTSATZ IN DER VERGANGENHEIT

• Aus der Gegenwart wird Vergangenheit:

The painting is finished.	*Das Gemälde ist fertig.*
He said that the painting was finished.	*Er sagte, dass das Gemälde fertig sei.*

• Aus der Vergangenheit wird Plusquamperfekt (Vorvergangenheit):

France won the game.	*Frankreich gewann das Spiel.*
She said that France had won the game.	*Sie sagte, dass Frankreich das Spiel gewonnen hatte.*

Adverbiale Nebensätze

Modalverben in der indirekten Rede

Auch Modalverben wie **can, will, may** oder **shall** werden in der indirekten Rede verändert, wenn das Verb des Hauptsatzes in der Vergangenheit steht. Aus **can** wird dabei **could, will** wird zu **would, may** zu **might**, und **shall** wird zu **should**:

"I can read minds!"	„Ich kann Gedanken lesen!"
Elliot claimed that he could read minds.	Elliot behauptete, dass er Gedanken lesen könne.
"What will they do next?"	„Was werden sie wohl als Nächstes tun?"
We wondered what they would do next.	Wir haben uns gefragt, was sie wohl als Nächstes tun würden.

(▶ Modal Verbs - Modalverben)

Pronomen in der indirekten Rede

Achte bei der indirekten Rede außerdem darauf, dass Pronomen sich ebenfalls ändern können, je nachdem, aus welcher Perspektive berichtet wird. Ein Satz wie **I see him** kann also in der indirekten Rede unterschiedlich wiedergegeben werden:

"I see him."	„Ich sehe ihn."
I said that I saw him.	Ich sagte, dass ich ihn gesehen habe.
You said that you saw him.	Du sagtest, dass du ihn gesehen hast.
Anne said that she saw him.	Anne sagte, dass sie ihn gesehen hat.

Adverbiale Nebensätze

Adverbiale Nebensätze haben in etwa dieselbe Funktion wie Adverbien – sie können einen Satz näher bestimmen. Die Wortfolge in adverbialen Nebensätzen ist meist dieselbe wie in Aussagesätzen:

Adverbien und adverbiale Nebensätze

Therefore the the chocolate was gone.	Deshalb war war die Schokolade weg.
Because my friend had walked past and eaten the chocolate, the chocolate was gone.	Weil mein Freund vorbeigekommen war und die Schokolade gegessen hatte, war die Schokolade weg.

97

Satzbau

Something will happen soon.	*Bald wird etwas passieren.*
Something will happen when the monkeys are let out of the cage.	*Wenn die Affen aus dem Käfig gelassen werden, wird etwas passieren.*

Zukünftige Ereignisse werden in adverbialen Nebensätzen selten mit **will** oder **shall** ausgedrückt. Man benutzt hier eher das Simple Present:

As soon as you get home, **turn on the heater.**	*Sobald du heimkommst, dreh die Heizung auf.*

Konditionalsätze

Nebensätze, die von der Konjunktion **if** (*wenn/falls*) eingeleitet werden, bezeichnet man als konditionale Nebensätze oder Konditionalsätze (conditional clauses). Sie drücken meist eine Möglichkeit oder Bedingung aus:

We can go to the zoo if you want.	*Wir können in den Zoo gehen, wenn du willst.*
If it rains today, **I'll stay home.**	*Wenn es heute regnet, bleibe ich daheim.*

Verwechsel **if** jedoch nicht mit der Konjunktion **when** (*wenn/als*)! **When** drückt keine Bedingung aus, sondern hat immer einen zeitlichen Bezug:

When you see Gina tonight, **give her this book for me.**	*Wenn du heute Abend Gina siehst, gib ihr dieses Buch von mir.*
I always stay home when it rains.	*Ich bleibe immer zu Hause, wenn es regnet.*

Steht der Nebensatz in der Vergangenheit, dann übersetzt man **when** auch häufig mit *als*:

We were glad when they left.	*Wir waren froh, als sie gingen.*
When he started to sing, **everyone left the room.**	*Als er anfing zu singen, verließen alle den Raum.*

In den folgenden beiden Sätzen kann man den Unterschied zwischen **when** und **if** noch einmal deutlich erkennen:

When you get up tomorrow, **call me.**	*Sobald du morgen aufstehst, ruf mich an.*
If you get up tomorrow, **call me.**	*Falls du morgen aufstehst, ruf mich an.*

if-Sätze

Verbformen mit if-Sätzen

Im Allgemeinen kann man Gegenwart und Vergangenheit in **if**-Sätzen wie im Hauptsatz ausdrücken:

If she's tired, let her go to bed.	*Wenn sie müde ist, lass sie ins Bett gehen.*
If they've been doing their homework, why are they covered with dirt?	*Wenn sie gerade ihre Hausaufgaben gemacht haben, warum sind sie dann mit Dreck verschmiert?*
If she was tired, she didn't say so.	*Wenn sie müde war, so hat sie es nicht gesagt.*
If they were sleeping at the time, the telephone surely woke them up.	*Wenn sie um diese Zeit geschlafen haben, so hat sie das Telefon ganz sicher geweckt.*

Wenn es im **if**-Satz um ein Ereignis in der Zukunft geht, hat der **if**-Satz meist eine Gegenwartszeit:

If that dog bites me, I'll sue you.	*Falls mich dieser Hund beißt, werde ich Sie verklagen.*
If you go to Russia next year, I will go to the States.	*Wenn du nächstes Jahr nach Russland fährst, fahre ich in die Staaten.*

Um auszudrücken, dass das Ereignis im **if**-Satz geplant oder vorhergesagt ist, verwendet man **be going to** (▶ Wie man über die Zukunft spricht):

If they are going to tear down that hotel, it must not be doing well.	*Wenn sie vorhaben, das Hotel abzureißen, dann läuft das Geschäft dort wahrscheinlich nicht gut.*
If prices are going to rise, we should stock up on chocolate bars.	*Wenn es stimmt, dass die Preise steigen werden, sollten wir uns einen Vorrat an Schokoladenriegeln zulegen.*

Normalerweise benutzt man **will** nicht im Konditionalsatz, außer man möchte eine höfliche Bitte zum Ausdruck bringen:

If you will just close the window, we can get started.	*Wenn Sie das Fenster zumachen würden, können wir anfangen.*

Oft will man mit einem **if**-Satz eine Situation beschreiben, die eigentlich nicht real ist, die aber – zumindest in der Fantasie – stattfinden könnte. In diesem Fall steht das Verb im **if**-Satz im Simple Past und das Verb im Hauptsatz im Conditional II (**would** + Infinitiv):

If I were an ostrich, I would run 50 km every day.	*Wenn ich ein Strauß wäre, würde ich jeden Tag 50 km laufen.*

99

Satzbau

Wenn das Nichtexistierende in der Vergangenheit war, dann steht das Verb im **if**-Satz im Past Perfect und das Verb im Hauptsatz im Conditional Past (**would / could** + **have** + Past Participle):

If **I** had been **an ostrich at the time, I would have run 50 km every day.**	*Wenn ich damals ein Strauß gewesen wäre, wäre ich jeden Tag 50 km gelaufen.*
If **Anne** hadn't brought **the drinks, we** couldn't have had **the party.**	*Wenn Anne die Getränke nicht gebracht hätte, hätten wir das Fest nicht feiern können.*

Weitere adverbiale Nebensätze

Adverbiale Nebensätze können zeitliche Verhältnisse beschreiben:

After Colin had his coffee, **he read the newspaper.**	*Nachdem Colin seinen Kaffee getrunken hatte, las er die Zeitung.*
Before Alberta went to work, **she called five clients.**	*Bevor Alberta zur Arbeit ging, hat sie fünf Kunden angerufen.*
Since he's been here, **there's been nothing but trouble.**	*Seitdem er hier ist, hat's nichts als Ärger gegeben.*
As long as Perry thinks you're here, **he won't get suspicious.**	*Solange Perry glaubt, dass du hier bist, wird er nicht stutzig werden.*

Die englische Entsprechung des deutschen Wortes *während* ist **while**.

 Im gehobenen Sprachgebrauch sagt man im britischen Englisch anstatt **while** selten auch **whilst**.

While Naomi was singing in the bathtub, **the man left with the contents of her wallet.**	*Während Naomi noch in der Badewanne sang, ist der Mann mit dem Inhalt ihrer Brieftasche verschwunden.*
Whilst Moira played the piano, **Francis worked in the garden.**	*Während Moira Klavier spielte, arbeitete Francis im Garten.*

Es gibt noch eine Reihe weiterer adverbialer Nebensätze, die sonstige Umstände (wie zum Beispiel Ursachen, Gründe, Bedingungen, ...) beschreiben:

Because there was a lot of snow last night, **we have to stay indoors today.**	*Weil es letzte Nacht viel geschneit hat, müssen wir heute drinnen bleiben.*
Since you think you're so smart, **you can finish the work yourself.**	*Da du dich für so gescheit hältst, kannst du die Arbeit selber zu Ende machen.*
Unless the weather improves, **we'll have to stay indoors.**	*Falls das Wetter nicht besser wird, werden wir drinnen bleiben müssen.*

Infinitivsätze

As long as you're here, you can help me with the chores.	*Wenn du sowieso da bist, kannst du mir im Haushalt helfen.*
So long as Patsy and Mark don't try to climb the trees, they can come too.	*Solange Patsy and Mark nicht versuchen auf die Bäume zu klettern, dürfen sie auch mitkommen.*

Infinitivsätze

Auch der Infinitiv mit **to** kann innerhalb eines Satzes einen Nebensatz einleiten. Nach **to** steht entweder der Infinitiv eines Vollverbs oder der eines Hilfsverbs mit darauf folgendem Vollverb. Infinitivsätze stehen meist nach bestimmten Verben, Adjektiven oder Substantiven, die den Infinitiv mit **to** nach sich ziehen:

We meant to send you a card.	*Wir hatten vor, euch eine Karte zu schicken.*
My parents would be sorry to have to see you again.	*Meine Eltern würden es bedauern, dich wiedersehen zu müssen.*
To have danced badly would have been embarrassing.	*Schlecht getanzt zu haben wäre peinlich gewesen.*

Bei manchen Verben kann vor dem darauf folgenden Infinitivsatz ein Objekt stehen:

I asked the committee to pay for it.	*Ich habe das Komitee darum gebeten, es zu bezahlen.*
The teacher told the rowdy pupils to get out of the classroom.	*Der Lehrer forderte die randalierenden Schüler auf, das Klassenzimmer zu verlassen.*

Nach bestimmten Verben, wie zum Beispiel **ask**, **tell**, **want**, **expect** und **need**, kann also das Objekt des Hauptsatzes zum Subjekt des Infinitivsatzes werden. Es steht dann immer vor dem Infinitiv mit **to**:

The athletes wanted the spectators to cheer them up.	*Die Athleten wollten vom Publikum aufgemuntert werden.*
They expect it to stop raining tomorrow.	*Sie nehmen an, dass es morgen aufhört zu regnen.*
I need him to move furniture for me.	*Ich hätte gern, dass er für mich Möbel umstellt.*

Satzbau

Wenn das Subjekt des Infinitivsatzes allerdings mit dem Subjekt des Hauptsatzes identisch ist, dann erscheint das Subjekt nur im Hauptsatz:

We wanted to see New York in spring.	*Wir wollten New York im Frühjahr sehen.*
They expect to find some buried treasures soon.	*Sie erwarten, bald vergrabene Schätze zu finden.*

Adverbialer Gebrauch

Man kann mit einem Infinitivsatz auch den Sinn oder Zweck einer Handlung zum Ausdruck bringen. In diesem Fall kann der Infinitivsatz von **to** oder der Formel **in order to** eingeleitet werden:

Mrs. Green went to the party to keep an eye on her daughters.	*Mrs. Green ist zu der Party gegangen, um ihre Töchter im Auge zu behalten.*
You need to turn on the light in order to see properly.	*Du musst das Licht anmachen, um besser sehen zu können.*

ing-Sätze

Ähnlich wie beim Infinitiv mit **to** kann man auch mit der **ing**-Form eines Verbs einen Nebensatz bilden. Dieser Nebensatz kann zum Beispiel eine kausale Bedeutung haben, das heißt er beschreibt einen Grund oder eine Ursache:

Desperately needing money, they started a small business.	*Da sie dringend Geld benötigten, gründeten sie ein kleines Geschäft.*
Having lost his car keys, he continued his journey on foot.	*Da er seine Autoschlüssel verloren hatte, setzte er seine Reise zu Fuß fort.*

Darüber hinaus kann man einen **ing**-Satz auch am Ende eines Hauptsatzes anfügen. In diesem Fall beschreibt der **ing**-Satz, dass zwei Handlungen gleichzeitig ablaufen:

Maurice was at home eating steaks for breakfast.	*Maurice war zu Hause und aß zum Frühstück Steaks.*
Sabrina crawled around on the floor picking up the fallen coins.	*Sabrina kroch auf dem Boden herum und hob alle Münzen auf, die heruntergefallen waren.*

Auch mit den Präpositionen **after**, **before**, **without** und **while** und der **ing**-Form eines Verbs kann man einen Nebensatz bilden. Dies ist jedoch nur möglich, wenn das Subjekt des Hauptsatzes und das gedachte Subjekt des Nebensatzes identisch sind:

ing-Sätze

Clean up after finishing your work.	*Räumt auf, wenn ihr mit eurer Arbeit fertig seid.*
Before bathing, **he looked at the clock.**	*Bevor er badete, schaute er auf die Uhr.*
He put up his feet without removing his shoes.	*Er legte seine Füße hoch, ohne seine Schuhe auszuziehen.*
The chef prepared the salad while flipping pancakes.	*Der Koch bereitete den Salat zu, während er Pfannkuchen in der Luft herumwirbelte.*

Nach **instead of** und **by** steht immer eine **ing**-Form:

Instead of buying **groceries, he spent the money on pinball.**	*Anstatt Lebensmittel zu kaufen, gab er das Geld für Flipperspiele aus.*
You could try to fix it by pressing **that button.**	*Du könntest versuchen es zu reparieren, indem du diesen Knopf drückst.*

Ein **ing**-Satz kann auch als Subjekt eines längeren Satzes dienen:

Climbing mountains **can be great fun.**	*Auf Berge steigen kann viel Spaß machen.*
Seeing their incompetence **drives me crazy.**	*Es macht mich wahnsinnig, wenn ich mir ansehen muss, wie unfähig sie sind.*

Verben, nach denen eine *ing*-Form steht

Nach den folgenden Verben steht meist eine **ing**-Form:

enjoy	*sehr gern tun, genießen*	**mind**	*etwas ausmachen*
finish	*beenden, aufhören, etwas zu Ende machen*	**miss**	*vermissen*
		practice	*üben*
go	*gehen*	**remember**	*sich an etwas erinnern*
imagine	*sich etwas vorstellen*	**stop**	*aufhören*
keep	*weitermachen*	**try**	*versuchen*
like	*gern tun*	**start**	*anfangen*

They finally stopped banging **the pans together.**	*Endlich hörten sie damit auf, Pfannen zusammenzuknallen.*
I enjoy swimming **in warm water.**	*Ich schwimme sehr gern in warmem Wasser.*
We didn't mind walking **the ten miles.**	*Es machte uns nichts aus, die zehn Meilen zu Fuß zu gehen.*
Let's go swimming **tomorrow!**	*Gehen wir morgen schwimmen!*
Pauline kept bothering **me.**	*Pauline hat mich ständig gestört.*

103

Satzbau

Vorsicht: Nach **stop** kann sowohl eine **ing**-Form als auch ein Infinitiv mit **to** folgen. Die beiden Konstruktionen haben jedoch eine völlig unterschiedliche Bedeutung – s**top doing something** bedeutet *aufhören, etwas zu tun* und **stop to do something** bedeutet *aufhören, um etwas zu tun*:

They finally stopped shouting at me.	*Sie hörten endlich auf, mich anzuschreien.*
They finally stopped to shout at me.	*Sie hörten endlich auf, um mich anzuschreien.*

Nach den meisten Präpositionen steht ebenfalls die **ing**-Form eines Verbs:

be afraid of	*davor Angst haben*
be for/against	*dafür/dagegen sein*
be good/bad at	*darin gut/schlecht sein*
be interested in	*daran interessiert sein*
be tired of	*es satt haben*
be used to	*es gewohnt sein*
believe in	*daran glauben*
feel like	*dazu Lust haben*
insist on	*darauf bestehen*
look forward to	*sich darauf freuen*
think about	*daran denken, sich überlegen*

I look forward to hearing from you.	*Ich freue mich darauf, von Ihnen zu hören.*
I feel like having a swim.	*Ich habe Lust zu schwimmen.*
I didn't feel like working.	*Ich hatte keine Lust zu arbeiten.*
My grandmother believes in eating porridge for breakfast every day.	*Meine Großmutter ist davon überzeugt, dass man jeden Tag Haferbrei zum Frühstück essen sollte.*

(▶ siehe auch: The Gerund - das Gerundium)

Vorsicht: Verwechsel die Präposition **to** nicht mit dem Infinitiv mit **to**:

I was prepared to do anything.	*Ich war bereit, alles zu tun.*
The group went on to discuss the weather.	*Die Gruppe unterhielt sich anschließend über das Wetter.*
He used to call me up in the middle of the night.	*Früher hat er mich mitten in der Nacht angerufen.*

ing-Sätze

Die **ing**-Form eines Verbs folgt also nur auf die Präposition **to**:

I have no objection to waiting.	*Ich habe nichts dagegen, zu warten.*
Next to sleeping, my favourite activity is watching TV.	*Neben Schlafen ist Fernsehen meine Lieblingsbeschäftigung.*
I'm used to hearing his complaints.	*Ich bin es gewohnt, seine Klagen zu hören.*

Bei einer Reihe von Verben kann vor der darauf folgenden **ing**-Form noch ein Objekt oder eine Possessivform stehen:

appreciate	*zu schätzen wissen*
excuse	*entschuldigen*
mind	*etwas dagegen haben*
miss	*vermissen*
remember	*sich daran erinnern*
resent	*übel nehmen*
understand	*verstehen*

I remember him/his burning the photo.	*Ich erinnere mich daran, wie er das Foto verbrannte.*
I can understand them/their wanting to be alone.	*Ich kann es verstehen, dass sie alleine sein wollen.*

Dasselbe gilt für die folgenden Kombinationen aus einem Verb und einer Präposition. Auch hier kann vor der darauf folgenden **ing**-Form ein Objekt oder eine Possessivform stehen:

be afraid of	*davor Angst haben*
be fed up with	*die Nase voll von etwas haben*
be used to	*es gewöhnt sein*
hear about	*davon hören*
look forward to	*sich darauf freuen*
object to	*etwas dagegen haben*

I'm fed up with you/your running around with other women.	*Ich habe die Nase voll davon, dass du mit anderen Frauen herumläufst.*
They objected to people('s) sunbathing naked.	*Sie hatten etwas dagegen, dass sich Leute nackt sonnen.*

105

Satzbau

Let, have und make

Im Deutschen kann man das Verb *lassen* zusammen mit einem Infinitiv verwenden. Dabei kann *lassen* zwei unterschiedliche Bedeutungen haben: Zum einen kann es im Sinne von *erlauben* oder *zulassen* gebraucht werden, zum anderen kann *lassen* jedoch auch *veranlassen* oder *zwingen* bedeuten.

„NORMALE" SÄTZE	„KLEINE" SÄTZE
Die Schüler gehen.	*Der Lehrer lässt die Schüler früh gehen.*
Der Hund hat die Möbel zerstört.	*Frieda hat den Hund die Möbel zerstören lassen.*

Im Englischen benutzt man für diese unterschiedlichen Bedeutungen auch unterschiedliche Verben. Die englische Entsprechung zu *lassen* im Sinne von *erlauben* oder *zulassen* ist das Verb **let**. Dem deutschen *lassen* im Sinne von *veranlassen* entspricht im Englischen das Verb **have**, und wenn man *lassen* in der Bedeutung *zwingen* ausdrücken möchte, dann benutzt man im Englischen das Verb **make**.

Erlauben:	**The teacher lets the pupils go home early.**
Zwingen:	**The teacher makes the pupils stay longer.**
Zulassen:	**Frieda let the dog destroy the furniture.**
Veranlassen:	**I had my skirt dry-cleaned.**

Let – erlauben, zulassen

Auf das Verb **let** folgt in der Regel immer eine Satzkonstruktion, die aus einem Subjekt und einem Verb im Infinitiv ohne **to** besteht. Nach dem Infinitiv können auch noch weitere Satzelemente (zum Beispiel ein Objekt oder ein Adverb) ergänzt werden:

Despite the complaints, the police let **them** sing.	*Trotz der Beschwerden hat die Polizei sie singen lassen.*
He let **the sand** run **through his fingers.**	*Er hat den Sand durch seine Finger rieseln lassen.*

Nach **let** kann auch eine Satzkonstruktion im Passiv folgen. Das auf **let** folgende Verb steht dann im Infinitiv Passiv (**be** + Past Participle):

The guards let **the money** be stolen.	*Die Wächter haben es zugelassen, dass das Geld gestohlen wurde.*
The injured athlete let **himself** be carried **off the field.**	*Der verletzte Spieler ließ sich vom Feld tragen.*

lassen – erlauben, zulassen, veranlassen?

Have – veranlassen, in Auftrag geben

Auch auf das Verb **have** kann eine Konstruktion aus einem Subjekt und einem Verb im Infinitiv ohne **to** folgen:

The Ellisons are having the carpenter make them a kitchen cabinet.	*Die Ellisons lassen sich vom Schreiner einen Küchenschrank machen.*
Merle had her daughter do the dishes.	*Merle hat ihre Tochter abspülen lassen.*

Nach **have** ist ebenfalls eine Passivkonstruktion möglich, allerdings steht das auf **have** folgende Verb dann nicht im Infinitiv Passiv, sondern im Past Participle:

The priest has the church bells rung before weddings.	*Der Priester lässt die Kirchenglocken vor Hochzeiten läuten.*
I had my suit cleaned only last week.	*Ich habe meinen Anzug erst letzte Woche reinigen lassen.*

Make – veranlassen, zwingen

Auf **make** im Sinne von *veranlassen* oder *zwingen* kann wie bei **let** und **have** eine Satzkonstruktion aus einem Subjekt und einem Verb im Infinitiv ohne **to** folgen. Diese Konstruktion hat bei **make** jedoch immer eine aktive Bedeutung:

Mrs. Grundy made her children give their teacher a present.	*Mrs. Grundy zwang ihre Kinder, ihrer Lehrerin ein Geschenk zu machen.*
Sherrie always makes her little brother take out the garbage.	*Sherrie lässt immer ihren kleinen Bruder den Müll nach draußen bringen.*

Man benutzt die Konstruktion aus **make**, einem Subjekt und dem Verb im Infinitiv ohne **to** auch, wenn etwas unabsichtlich verursacht wird:

Howard's thoughtless remark made his listeners see red.	*Howards gedankenlose Bemerkung ließ seine Zuhörer rotsehen.*
The loud bang made the passers-by run away in fright.	*Der laute Knall ließ die Passanten vor Schreck weglaufen.*

Fragewort-Fragen

12 Fragewort-Fragen

Die englischen Fragewörter:

what	*was*
which	*welcher, welche, welches*
who	*wer, wen, wem*
whose	*wessen*
whom	*wen, wem*
when	*wann*
where	*wo*
why	*warum*
how	*wie*

Fragen mit Fragewörtern

Genau wie im Deutschen steht das Fragewort in englischen Fragesätzen meist am Satzanfang. Beachte jedoch die jeweils richtige Wortstellung: Bildet das Fragewort gleichzeitig das Subjekt des Fragesatzes, dann findet keine Inversion statt. Das bedeutet, dass in solchen Fragesätzen kein Hilfs- oder Modalverb vor das Subjekt rückt:

Who saw the burglars first?	*Wer hat die Einbrecher zuerst gesehen?*
What caused the accident?	*Was hat den Unfall verursacht?*

Ist das Fragewort nicht gleichzeitig das Subjekt des Fragesatzes, dann rückt ein Hilfs- oder Modalverb vor das Subjekt:

What do you want?	*Was willst du?*
How much does that gold ring cost?	*Wie viel kostet dieser Goldring?*

Um beispielsweise großes Erstaunen auszudrücken, oder um einzelne Satzelemente innerhalb einer Frage besonders hervorzuheben (wenn man zum Beispiel etwas nicht richtig verstanden hat), können Fragesätze jedoch auch – besonders in der gesprochenen Sprache – dieselbe Satzstruktur wie Aussagesätze haben:

SPRECHER A:	
Leah's been eating peach sandwiches.	*Leah hat in letzter Zeit Pfirsichbrote gegessen.*
SPRECHER B:	
Leah's been eating WHAT?	*Leah hat WAS in letzter Zeit gegessen?*

Fragewort-Fragen

Auf dieselbe Weise kann man sogar nach einem Verb und dem dazugehörigen Objekt fragen. Dazu benutzt man die entsprechende Form von **do** und ein Fragewort:

SPRECHER A:	
Gonzuela gave Peter the keys.	*Gonzuela hat Peter die Schlüssel gegeben.*
SPRECHER B:	
Gonzuela did WHAT?	*Gonzuela hat WAS getan?*

Besonders in der gesprochenen Sprache existiert das Fragewort **whom** (wen/wem) kaum noch.

Vor allem im amerikanischen Englisch ist **whom** fast völlig verschwunden. Stattdessen benutzt man eher das Fragewort **who**:

Who **did she see?**	*Wen hat sie gesehen?*
Who **were you talking to just now?**	*Mit wem hast du gerade gesprochen?*

In der gehobenen Schriftsprache findet man **whom** jedoch noch häufiger:

Whom **did she see?**	*Wen hat sie gesehen?*
To whom **must one speak about such matters?**	*Mit wem muss man über solche Angelegenheiten sprechen?*

Oft werden in Verbindung mit Fragewörtern auch Präpositionen (**on**, **by**, **in**, **to** usw.) benötigt. Diese können an zwei unterschiedlichen Positionen im Fragesatz stehen.

1. Im formellen, hauptsächlich schriftlichen Sprachgebrauch kann die Präposition im Fragesatz vor dem Fragewort stehen:

On which **corner was the musician standing?**	*An welcher Ecke stand der Musikant?*
To which **thief did the curator show the collection?**	*Welchem Dieb zeigte der Museumsdirektor die Sammlung?*

Auch vor dem eher seltenen Fragewort **whom** kann eine Präposition stehen:

To whom **did you turn then?**	*An wen haben Sie sich dann gewendet?*

Fragewort-Fragen

2. Im normalen Sprachgebrauch aber steht die Präposition am Ende des Fragesatzes:

Which corner was the musician standing on?	*An welcher Ecke ist der Musikant gestanden?*
Which thief did the curator show the collection to?	*Welchem Dieb hat der Museumsdirektor die Sammlung gezeigt?*
Who did you turn to then?	*An wen haben Sie sich dann gewendet?*

Indirekte Fragesätze

Achte bei Fragen im Nebensatz, den so genannten indirekten Fragesätzen, auf die richtige Wortstellung. Bei indirekten Fragesätzen findet keine Inversion statt. Das bedeutet, dass hier kein Hilfs- oder Modalverb vor das Subjekt des Satzes rückt, egal ob das Fragewort das Subjekt des Nebensatzes ist oder nicht. Indirekte Fragesätze haben also dieselbe Wortstellung wie Aussagesätze.

DIREKTE FRAGESÄTZE:

What did you say?	*Was hast du gesagt?*
How many would you like?	*Wie viele möchten Sie?*
What do we want?	*Was wollen wir?*

INDIREKTE FRAGESÄTZE:

She asked him what he'd said.	*Sie fragte ihn, was er gesagt hatte.*
The salesclerk asked how many they would like.	*Die Verkäuferin fragte, wie viele sie möchten.*
Simon and Bonnie don't know what they want.	*Simon und Bonnie wissen nicht, was sie wollen.*

Relativsätze

13 Relative Clauses – Relativsätze

Relativsätze sind Nebensätze, die in der Regel ein Substantiv beschreiben:

The girl who swims fastest wins a prize.	*Das Mädchen, das am schnellsten schwimmt, gewinnt einen Preis.*
The fish which jumped out of the water was a salmon.	*Der Fisch, der aus dem Wasser sprang, war ein Lachs.*

Man unterscheidet im Englischen zwei Arten von Relativsätzen: In den Beispielsätzen oben dient der Relativsatz jeweils dazu, das Subjekt des Hauptsatzes (also **The girl** bzw. **The fish**) näher zu bestimmen und dessen Bedeutung genauer zu definieren. Relativsätze, die also zur Bestimmung oder näheren Beschreibung eines Subjekts oder Objekts notwendig sind, bezeichnet man als **defining relative clauses**.

Es gibt jedoch auch Relativsätze, die lediglich dazu dienen, zusätzliche Informationen zu einem Substantiv (bzw. zu einem Subjekt oder Objekt) zu liefern. Solche Relativsätze sind nicht zur genauen Bestimmung oder Identifikation eines Substantivs notwendig, und man bezeichnet sie daher als **non-defining relative clauses**:

The fastest one, who of course wins, receives a prize.	*Die Schnellste, die natürlich gewinnt, bekommt einen Preis.*
Peter, who was a bit shy, kept quiet.	*Peter, der ein bisschen schüchtern war, blieb still.*

Kommaregel für Relativsätze

In der geschriebenen Sprache kann man sehr einfach zwischen den beiden genannten Arten von Relativsätzen unterscheiden: Zur Identifikation eines Substantivs notwendige Relativsätze (defining relative clauses) werden nicht durch Kommata vom Hauptsatz getrennt. Ist ein Relativsatz jedoch nicht unbedingt notwendig und dient nur dazu, Zusatzinformationen zu liefern (non-defining relative clauses), dann wird er jeweils durch ein Komma davor und danach vom Hauptsatz getrennt:

Those books which everyone has read are boring.	*Die Bucher, die jeder gelesen hat, sind langweilig.*
His new book, which everyone has read, is boring.	*Sein neues Buch, das jeder gelesen hat, ist langweilig.*

Relativsätze

In der gesprochenen Sprache muss man sich meist aus dem Satzzusammenhang erschließen, um welche Art von Relativsatz es sich handelt. Oft macht ein Sprecher jedoch bei einem Komma eine kurze Sprechpause.

Relative Pronouns – Relativpronomen

Die Relativpronomen im Englischen lauten: **who, whom, whose, which, when, where** und **why**. Darüber hinaus gibt es noch das neutrale Relativpronomen **that**.

- Die Relativpronomen **who, whose** und **whom** benutzt man meist bei Personen oder gelegentlich auch bei Haustieren:

I met a man who **can walk on his hands.**	*Ich habe einen Mann getroffen, der auf seinen Händen laufen kann.*
A woman who **was sweeping the sidewalk gave us directions.**	*Eine Frau, die gerade den Gehweg kehrte, erklärte uns den Weg.*
That dog, who **did tricks, followed me home.**	*Dieser Hund, der Kunststücke machen konnte, folgte mir nach Hause.*

Auch als Relativpronomen wird **whom** in der gesprochenen Sprache eher selten gebraucht (▶ Kapitel Fragewort-Fragen). Man verwendet hier eher das Relativpronomen **who**:

The police officer whom **you saw.** → The police officer who **you saw.**	*Der Polizist, den/Die Polizistin, die du gesehen hast.*

Im Gegensatz zu **who** und **whom** kann man **whose** auch bei Gegenständen benutzen:

A chest, whose **hinges were broken, stood in the corner.**	*Eine Kiste, deren Scharniere kaputt waren, stand in der Ecke.*

Anstatt **whose** kann man bei Gegenständen jedoch auch die Konstruktion **of which** benutzen. Achte dabei jedoch auf die richtige Wortstellung im Relativsatz:

A chest**, the hinges** of which **were broken, stood in the corner.**	*Eine Kiste, deren Scharniere kaputt waren, stand in der Ecke.*

112

Relativpronomen

- Das Relativpronomen **which** verwendet man ausschließlich bei Gegenständen und Dingen:

The cookies which **I dropped made Fido happy.**	*Die Kekse, die ich fallen ließ, machten Fido glücklich.*

- In Verbindung mit einem Relativpronomen können auch Präpositionen (zum Beispiel **to, for, of** etc.) auftreten. Diese stehen meist – vor allem in der gesprochenen Sprache – eher am Ende des Relativsatzes:

The businesswoman who **Graham was talking** to **was his aunt.**	*Die Geschäftsfrau, mit der Graham gesprochen hat, war seine Tante.*
The vegetables which **the chef had asked** for **were delivered.**	*Das Gemüse, um das der Koch gebeten hatte, wurde geliefert.*

Im formellen Sprachgebrauch steht die Präposition jedoch vor dem Relativpronomen. Hier findet man auch häufiger das Relativpronomen **whom**:

The businesswoman to whom **Graham was talking was his aunt.**	*Die Geschäftsfrau, mit der Graham gesprochen hat, war seine Tante.*

- **When, where** und **why**

  Als Relativpronomen benutzt man when bei verschiedenen Zeitangaben:

Do you remember the time when **Walt scared the neighbours with his trumpet?**	*Erinnerst du dich daran, als Walt mit seiner Trompete die Nachbarn erschreckte?*
That was the night when **the electricity went out.**	*Das war der Abend, an dem der Strom ausgefallen ist.*

Where wird meist bei Ortsangaben verwendet. Es kann aber auch in anderen Zusammenhängen als Relativpronomen auftreten:

I know a restaurant where **you get all you can eat for ten dollars.**	*Ich kenne ein Restaurant, wo man für zehn Dollar so viel bekommt, wie man essen kann.*
It was a situation where **nobody could win.**	*Es war so eine Situation, wo keiner gewinnen konnte.*
I was having a day where **everything went wrong.**	*Ich hatte gerade so einen Tag, wo alles schiefging.*

Das Relativpronomen **why** benutzt man, um einen Grund oder eine Ursache näher zu bestimmen:

I never understood the reason why **he left her.**	*Ich habe nie verstanden, warum er sie verlassen hat.*

Relativsätze

That

Sehr häufig verwendet man anstelle von **who** oder **which** auch das neutrale Relativpronomen **that**. Man kann **that** sowohl bei Personen als auch bei Gegenständen oder Dingen benutzen:

The lamp that we bought was very expensive.	Die Lampe, die wir gekauft haben, war sehr teuer.
The mouse that lives in my kitchen is quite clever.	Die Maus, die in meiner Küche lebt, ist ganz schön schlau.

Präpositionen bleiben bei **that** grundsätzlich am Ende des Relativsatzes:

The chair that Andrew was sitting on collapsed.	Der Stuhl, auf dem Andrew saß, ist zusammengebrochen.
The young woman that he was talking about doesn't like us.	Die junge Frau, von der er geredet hat, mag uns nicht.

That eignet sich nur für Relativsätze, die unbedingt nötig sind, weil sie etwas näher definieren. Wenn man einen Relativsatz bilden will, der nur zusätzliche Informationen bietet, aber nicht unbedingt nötig ist, muss man ein Relativpronomen verwenden. **That** kann das besitzanzeigende Relativpronomen **whose** nicht ersetzen.

Ohne Pronomen oder *that*

Besonders in der gesprochenen Sprache kann man in einigen Fällen das Relativpronomen auch ganz weglassen:

The hotel they took Debbie to had a swimming pool.	*Das Hotel, in das sie Debbie einluden, hatte einen Swimmingpool.*

Freie Relativsätze

Es gibt zwei wichtige Regeln, die man beachten muss, wenn man das Relativpronomen bzw. **that** ganz weglassen möchte:

1. Man kann diese Wörter nur bei Relativsätzen weglassen, die unbedingt nötig sind. Ist ein Relativsatz nicht nötig, d.h. steht er zwischen zwei Kommas, dann muss das entsprechende Relativpronomen benutzt werden.
2. Das Relativpronomen bzw. **that** darf nicht als das Subjekt des Relativsatzes fungieren, wenn es ersetzt werden soll.

the man who/that saw the movie star	*der Mann, der den Filmstar sah*
the man (who/that) the movie star saw	*der Mann, den der Filmstar sah*
the man (who/that) I saw the movie star with	*der Mann, mit dem ich den Filmstar sah*
Peter, who saw the movie star, kissed the girl.	*Peter, der den Filmstar sah, küsste das Mädchen.*

Im ersten Beispiel kann man das Relativpronomen nicht weglassen, da es gleichzeitig das Subjekt des Relativsatzes bildet. Im zweiten und dritten Beispiel hingegen ist es möglich, das Relativpronomen wegzulassen: Beide Relativsätze sind **defining relative clauses**, die ein eigenes Subjekt (**the movie star** bzw. **I**) haben. Im letzten Beispiel wiederum kann das Relativpronomen **who** nicht weggelassen werden, da es sich bei dem Relativsatz um einen **non-defining relative clause** handelt.

Free Relatives – freie Relativsätze

Als freie Relativsätze bezeichnet man Relativsätze, die nicht ein Subjekt oder Objekt näher bestimmen, sondern alleine stehen können. Freie Relativsätze können also selbst als Subjekt oder Objekt eines Satzes fungieren:

SUBJEKT:	
What irritated me so much was their attitude.	*Was mich so ärgerte, war ihre Einstellung.*
OBJEKT:	
He likes what he cooks.	*Er mag, was er kocht.*

115

Relativsätze

In freien Relativsätzen kann man **what, where, when** und manchmal auch **who** verwenden:

What you need **is exercise.**	*Was du brauchst, ist Bewegung.*
I have what you want**.**	*Ich habe, was du willst.*
It wasn't where it was supposed to be**.**	*Es war nicht dort, wo es hätte sein sollen.*
They came and went when they pleased**.**	*Sie kamen und gingen, wann es ihnen passte.*

Oft findet man in freien Relativsätzen auch die Relativpronomen **whatever** (*was auch immer*), **wherever** (*wo auch immer*), **whenever** (*wann auch immer*) und **whoever** (*wer auch immer*):

Whoever **told you that was lying.**	*Wer immer dir das auch gesagt hat, hat gelogen.*
I'll bring whatever **you need.**	*Ich bringe dir, was immer du brauchst.*
They simply went wherever **the bus took them.**	*Sie sind einfach dorthin gefahren, wo der Bus gerade hinfuhr.*
We can leave whenever **you're ready.**	*Wir können gehen, wann immer du fertig bist.*

116

Verneinung

14 Negation – Verneinung

Wörter mit negativer Bedeutung

Im Englischen kann man einen Satz zum Beispiel mit **not, never** oder **no** verneinen:

I did **not** say that!	*Das habe ich nicht gesagt!*
You **never** listen to your parents, do you?	*Du hörst nie auf deine Eltern, oder?*
There is **no** milk in the fridge.	*Es ist keine Milch im Kühlschrank.*

Darüber hinaus gibt es jedoch noch eine Reihe weiterer Wörter, die einem Satz eine negative Bedeutung geben können:

few – *nur wenige*	**rarely, seldom** – *selten*	**hardly, scarcely, barely** – *kaum*

Any in verneinten Sätzen und bei Fragen

Das Wort **any** und seine Zusammensetzungen (wie zum Beispiel **anyone, anywhere, anything** etc.) verwendet man im Gegensatz zu **some** und den Zusammensetzungen **someone, somewhere, something** meist in verneinten Sätzen oder bei Fragen.

1. Man benutzt **any** und seine Zusammensetzungen oft nach einem verneinten Subjekt:

No one ever said **anything**.	*Keiner hat jemals etwas gesagt.*

2. Auch in Sätzen, die durch ein Adverb (wie zum Beispiel **seldom** oder **never**) verneint werden, verwendet man häufig **any** und seine Zusammensetzungen:

Kerry **seldom** talked to **anybody**.	*Kerry hat selten mit irgend jemandem gesprochen.*

3. Im Deutschen verwendet man gern negative Objekte, Zeitangaben, usw. Wenn diese im englischen Satz nach dem Verb stehen würden, ist es viel üblicher, **not** plus **any**-Wort zu verwenden:

I could**n't** find my gloves **anywhere**.	*Ich konnte meine Handschuhe nirgendwo finden.*

Und schließlich benutzt man **any** und seine Zusammensetzungen auch häufig bei Fragen, auf die man mit ja oder nein antworten kann:

Has **anybody** seen my raincoat?	*Hat jemand meinen Regenmantel gesehen?*
Has Toby blabbed the secret to **anyone** yet?	*Hat Toby das Geheimnis schon irgend jemandem ausgeplaudert?*

Glossar

Active
dt.: Aktiv. Eine Satzform, in der das vom Verb verlangte Subjekt auch tatsächlich als Subjekt dient.
Vgl. Passive.

Adjective
dt.: Eigenschaftswort, Adjektiv. Ein Adjektiv beschreibt ein Substantiv oder eine Nominalphrase.

Adverb
dt.: Umstandswort, Adverb. Ein Adverb ist ein Wort, das ein Verb, ein Adjektiv, ein anderes Adverb oder einen Satz beschreibt.

Article
dt.: Artikel. Ein Artikel steht am Anfang einer Nominalphrase und zeigt an, ob diese bestimmt oder unbestimmt ist.

Auxiliary
dt.: Hilfsverb. Ein Hilfsverb ist eine Art Verb, welches das Vollverb unterstützt – in der Zeitbildung, der Vervollständigung der Bedeutung (bei manchen Modalverben), oder der Erfüllung grammatischer Bedingungen. Im Englischen stehen die Hilfsverben immer vor dem Vollverb.

Full Verb
dt.: Vollverb. Das Vollverb ist das Verb, das die meiste Bedeutung in den Satz bringt. Im Englischen muss jeder vollständige Haupt- bzw. Nebensatz ein Vollverb enthalten, wobei es immer als letztes der Verben auftritt.
Vgl. Verb, Auxiliary

Gerund
dt.: Gerundium. Das Gerundium ist eine Verbform mit der Endung **-ing**. Es kann als Subjekt, Objekt oder nach bestimmten Adjektiven mit Präposition auftreten.

Hauptsatz
Ein Hauptsatz ist ein Satz, der das Hauptereignis bzw. den Hauptzustand eines Satzes ausdrückt. In **They said that the tree was old** ist **They said** der Hauptsatz, weil der Satz primär ausdrückt, dass jemand etwas gesagt hat.

Hilfsverb
▶ Auxiliary

Infinitive
dt.: Infinitiv, Grundform des Verbs. Der Infinitiv ist die erste Form des Verbs und diejenige, die am wenigsten zeitliche Information enthält.

Modal Verb
dt.: Modalverb. Die primären englischen Modalverben sind **can, could, will, would, shall, should, may, might** und **must**.
Need, **dare** und **ought to** verhalten sich ähnlich wie Modalverben. Das englische Modalverb besitzt weder Infinitiv noch Partizipformen und ändert seine Form nicht, um mit dem Subjekt übereinzustimmen.

Nebensatz
Ein Nebensatz ist ein Teilsatz, der einem Hauptsatz beigefügt ist.

Nominalphrase
Eine Nominalphrase ist eine Phrase mit einem Substantiv als Kern, oder auch einem Pronomen. Sie kann z. B. als Subjekt oder Objekt im Satz fungieren.

Noun
dt.: Hauptwort, Substantiv, Nomen. Ein Substantiv ist ein Wort, das in der Regel einen Gegenstand, ein Lebewesen oder einen abstrakten Begriff bezeichnet.

Glossar

Objekt

Ein Objekt ist eine Nominalphrase, die nach dem Verb kommt. Manche Verben lassen zwei Objekte zu: Das erste heißt dann *das indirekte Objekt* und das zweite *das direkte Objekt*.

Particle

dt. Partikel. Eine Partikel ist ein nicht beugbares (nicht flektierbares) Wort. Adverbien oder Präpositionen gehören zur Gruppe der Partikeln.

Participle

dt.: Partizip. Ein Partizip ist eine Form des Verbs, die zum einen als Verb, zum anderen als Adjektiv auftreten kann. In ihrer Funktion als Verb können Partizipien im englischen Hauptsatz nur hinter einem Hilfsverb stehen; im Nebensatz können sie allein auftreten. Vgl. Past Participle

Passive

dt.: Passiv. Eine Satzform, bei der das normale Subjekt des Vollverbs seinen Status als Subjekt verliert und entweder nach einer Präposition erscheint (im Englischen **by**) oder sogar verschwindet. Im Deutschen bildet man den Passiv mit dem Hilfsverb *werden*, im Englischen mit **be** oder manchmal mit **get.**

Past Participle

dt.: Partizip Perfekt, dritte Form. Das Past Participle wird bei der Bildung der Perfect Tenses (Hilfsverb: **have**) und des Passivs (Hilfsverb: **be**) verwendet.

Past Subjunctive

dt.: Konjunktiv II / Irrealis. Diese Form wird benötigt, um in **if**-Sätzen eine Situation zu beschreiben, die nicht real, aber theoretisch möglich ist. Für das Verb **be** wird der Past Subjunctive für alle Personen mit der Form **were** gebildet, für alle anderen Verben mit der 2. Form (Simple Past).

Perfect Tenses

dt.: Perfekttempora, „vollendete" Zeiten. Die Perfect Tenses werden mit **have** + Past Participle gebildet. Sie beschreiben, dass ein Ereignis oder Zustand vor einem gegebenen Zeitpunkt geschehen ist bzw. gegolten hat.

Phrasal Verbs

dt.: Verb mit Präposition oder Partikel. Im Englischen gibt es viele Verben, die zusammen mit einer Präposition oder einer Partikel eine gänzlich neue Bedeutung annehmen, als die Grundform vermuten lässt.

Possessive

dt.: possessiv, besitzanzeigend. Possessive Formen erklären, wem etwas gehört, zuzuordnen ist, usw.

Preposition

dt.: Präposition, Verhältniswort. Eine Präposition gibt in erster Linie an, wo jemand oder eine Sache sich befindet oder in welche Richtung sich etwas oder jemand bewegt bzw. bewegt wird.

Progressive Tenses

dt.: Verlaufsformen. Die Progressive Tenses sind Zeiten, die darauf hinweisen, dass ein Geschehen zu einem bestimmten Zeitpunkt im Gange ist.

Pronoun

dt.: Fürwort, Pronomen. Pronomen sind einzelne Wörter, deren Funktion es ist, ein Substantiv oder ganze Wendungen zu ersetzen.

Reflexive Pronoun

dt.: Reflexivpronomen, rückbezügliches Fürwort.

119

Glossar

Ein Reflexivpronomen ist ein Pronomen, das sich auf die-selbe Person oder dasselbe Ding wie das Subjekt bezieht.

Relative Pronoun

dt.: Relativpronomen. Ein Relativpronomen steht am Anfang eines Relativsatzes, um diesen mit dem davor-stehenden Substantiv bzw. der Nominalphrase zu verbinden.

Relative Clause

dt.: Relativsatz. Ein Relativsatz ist ein Nebensatz, der ein Substantiv oder eine Nominalphrase beschreibt. Vgl. Noun, Nominalphrase

Subject

dt.: Subjekt. Das Subjekt ist das Element, um das es im Satz oder Teilsatz geht. Im Deutschen steht das Subjekt fast immer im Nominativ (Wer-Fall) und oft am Satz-anfang. Im Englischen steht das Subjekt in der Regel vor dem ersten Verb im Satz, nicht unbedingt direkt am Anfang.

Tense

dt.: Tempus, Zeit. Eine *Tense* ist eine grammatische Zeit.

Verb

Im Deutschen auch „Tätig-keitswort" genannt. Das Verb beschreibt ein Ereignis bzw. einen Zustand oder hilft einem anderen Verb. Vgl. Full verb, Auxiliary

Vollverb

▶ Full Verb, Auxiliary

Stichwortregister

a 50 f., 66 ff.
a lot of 50 f., 75
Adjektive 76 ff.
    Adjektive nach Verben 80
    Adjektive und Substantive
      79
    Besonderheiten von *good,*
      well und *own* 80
    Steigerungsformen 77 ff.
    Vergleiche 81 f.
    adverbiale Bestimmung der
      Art und Weise 94
    adverbiale Bestimmung der
      Zeit 94
    adverbiale Bestimmung des
      Ortes 94
    adverbiale Nebensätze 97 f.,
      100
Adverbien 85 ff., 97
    Adverbien der Richtung 90
    Adverbien der Zeit 90
    Adverbien des Ortes 90
    Adverbien im Satz 90
    Ausnahmen 86
    Bildung 85
    Steigerungen 89
    Unterschied zwischen
      Adjektiv und Adverb 85
    Verb- und satzbeschrei-
      bende Adverbien 90 f.
after 100, 102
all 60 f., 70
all day 36 f.
always 88
am meisten 82
an 50 f. 67 ff.
and 92
Anwendung der verschie-
    denen Zeiten 14 ff.
any 64 f. 72, 117

Apostroph + s 48 f.
Artikel 66 ff.
    bestimmte Artikel 68 f.
    unbestimmte Artikel 66 ff.
as ... as 82
at 35, 37 f.
Aussagesätze 94 f., 97, 108,
    110

be 29 f.
be used to 33
because 95
because of 41
before 100, 102
besitzanzeigende Formen 48 f.
Bindewörter 92 f.
    and 92
    both ... and 93
    but 92
    Coordinating Conjunctions
      92 f.
    either ... or 93
    neither ... nor 93
    nor 93
    or 92
    Verbindung von
      Satzteilen 92
both ... and 93
both 61 f. 71
but 92
by 39

can, could 24 ff., 97
collective nouns 51
comparative 77 ff., 89
conditional 20
conditional clauses 98
Conditional Past 20, 100
Coordinating Conjunctions
    92 f.

defining relative clauses 111
Demonstrativbegleiter 69 f.
do 32 f.
during 36 f.

each 62 f., 71
each other 58
Eigennamen 52
einfache Gegenwartsform 9
einfache Vergangenheitsform
    10 f.
einfache Zeitformen 9 ff.
either ... or 93
either 64, 71
elderly 87
every 71

Feiertage 36
for 36 f.
Frageanhängsel 24
Fragen 108 ff.
    allgemeine Fragen mit
      how 83
    allgemeine Fragen mit
      what 83
    Frageanhängsel 24
    Fragen mit Verben der
      Sinneswahrnehmung 84
    Fragen nach zählbarem und
      nicht zählbarem 73
    Fragewort-Fragen 108 ff.
    Ja-Nein-Fragen 21 f.
frequently 90
friendly 87 f.
from 39
from under 41
Future 13, 17
Future Progressive 18

Stichwortregister

Gerundium 34
get 33
get used to 33
going-to-Future 17 f., 99
good 80
Groß- und Kleinschreibung 46

have / have got 31 f.
have 105, 107
Hilfsverben (*Auxiliaries*) 21
 entbehrliche Hilfsverben
  21
 Höflichkeitsformen 28
home 88
how 108
How is … ? 83 f.

if 95, 99 ff.
if-Sätze 99 ff.
in 35, 37
in front of 41
in spite of 41
indirekte Fragesätze 95, 110
Infinitiv 8 ff., 24, 27, 34, 99,
 101 f., 102 ff., 106
 Infinitivsätze 101 f.
 Infinitive (1. Form) 8
ing-Form 12 ff., 18, 76, 102 ff.
ing-Sätze 102 ff.
instead of 41, 103
into 38

Ja-Nein-Fragen 21 f.

kindly 87
Komma 92, 95, 111 f., 115
Kommaregeln für Relativ-
 sätze 111
Komparativ 77 ff., 89
komplexe Präpositonen 41

konditionale Nebensätze 98
Konditionalsätze 98, 99
Kurzantworten 23

let 106 f.
likely 87

make 106, 107
man 56
many 73 ff.
may 24 ff., 97
meet 59
Mehrzahl 46 ff.
Mengen und Maßangaben
 73 ff.
might 24 ff., 97
Modalverben 24 ff.
 can, could 24 ff., 127, 97
 fehlende Formen und
  Alternativen 26
 Gebrauch im Satz 27
 Höflichkeitsformen 28
 may 24 ff., 97
 might 24 ff., 97
 Modalverben in der
  indirekten Rede 97
 must 24 ff.
 shall 24 ff., 97, 98
 should 24 ff., 97
 Sonderfunktionen 27 f.
 verneinte Formen 26 f.
 will 24 ff., 97, 98, 99
 would 97, 99 f.
more 78, 89
most 78, 89
much 73 ff.
must 24 ff.
Nationalitäten 77
Nebensätze 95 ff.
neither … nor 93

neither 64, 72
never 89
nicht reale Situation 99
non-defining relative
 clauses 111
none 63, 72
nor 93

ob-Fragen 95
occasionally 90
of 39 f.
often 90
on 35, 37
one 57 f., 63, 79
onto 38
or 92
Ortsangaben 37 f.
out of 41
own 80

Paarbegriffe 51
pair nouns 51
Partikeln 42 ff.
Partizip Perfekt 8, 10, 12 f.,
 19, 76, 107
Partizip Präsens 76
Partizipien 76
Passiv 13, 19 f.
Past-Participle 8, 10, 12 f., 19,
 76, 100, 107
Past-Patriciple-Form
 (3. Form) 8, 10 f.
Past-Perfect 12, 17
Past-Progressive 12, 16
Perfekt-Formen (Perfect
 Tenses) 12 f.
phrasal verbs 42 ff.
Plural 46 ff.
possessive 48 f.
Präpositionen 35 ff. 42 ff.

Stichwortregister

Present Participle 76
Present-Perfect 12 f., 14 f.
Present-Progressive 12, 18
probably 88
Progressive-Form 12
Pronomen 53 ff.
  Demonstrativformen 60
  Objektpronomen 53 ff.
  Personalpronomen 53 ff.
  Possessivbegleiter 55 f.
  Possessivformen 55 ff.
  Possessivpronomen 55, 56 f.
  Pronomen in der indirekten
    Rede 97
  Reflexivpronomen 57 ff.
  Relativpronomen 112 ff.
  Subjektpronomen 53 ff.
  unpersönliche Form 56 f.

Question Tags 24

Relativsätze 111 ff.
  defining relative clauses 111
  freie Relativsätze 115 f.
  Kommaregeln für
    Relativsätze 111
  non-defining relative
    clauses 111
  ohne Relativpronomen
    114 f.
Relativsätze 76
Richtungsangaben 38 ff., 48 f.

Satzbau 94 ff.
  adverbiale Anwendung von
    Infinitivsätzen 101 f.
  adverbiale Nebensätze
    97 f., 100
  Aussagesätze 94 f., 97,
    108, 110

conditional clauses 98
if-Sätze 98 f.
indirekte Fragesätze 95, 110
Infinitivsätze 101 f.
ing-Sätze 102 ff.
konditionale Nebensätze 98
Konditionalsätze 98, 99
längere Satzelemente 95
nach dem Verb 94 f.
Nebensätze 95 ff.
ob-Fragen 95
vor dem Verb 94
-self 57
-selves 57
shall 24 ff., 97, 98
should 24 ff., 97
sickly 87
Simple Past 8, 9, 10 ff.,
  15 f., 96, 99
Simple Present 9, 14, 18,
  96, 98
Simple-Past-Form (2. Form)
  8, 10 f.
since 100
some 64 f., 70, 117
sometimes 90
Steigerungsformen, Adjektive
  77 ff.
Steigerungsformen,
  Adverbien 89
Substantive 46 ff.
  nicht zählbare Substantive
    50 f.
  Paarbegriffe 51
  pair nouns 51
  Plural 46 ff.
  zählbare Substantive 50 f.
  Groß- und Kleinschreibung
    46
Superlativ 77 ff., 82, 89

Tag 24
Tageszeiten 35
than 81
that 60, 69 f., 95, 112, 114
the 66 f. 68 f.
there is / there are 30 f.
these 60, 69 f.
this 60, 69 f.
those 60, 69 f.
throughout 36 f.
Titel 52
to 38

Uhrzeiten 35
unless 101
unregelmäßige
  Steigerungsformen 78, 89
Unwirkliches in der
  Vergangenheit 28
used to 13 f.
usually 88

Verben 8 ff.
  Infinitive (1. Form) 8
  intransitive Verben 8
  irregular Verbs 8, 10 f.
  Past-Patriciple-Form
    (3. Form) 8, 10 f.
  regelmäßige Verben 8
  regular Verbs 8
  Simple-Past-Form
    (2. Form) 8, 10 f.
  transitive Verben 8
  unregelmäßige Verben
    8, 10 f.
  Verbformen mit *if-Sätzen*
    99
  zusammengesetzte Verben
    42 f.
Vergleiche 81

Stichwortregister

Verlaufsform (ing-Form) 12
Vermutungen 28
Verneinungen 22 f., **117 ff.**
    any in verneinten Sätzen
        und bei Fragen 117 f.
    Wörter mit negativer
        Bedeutung 117
Vollverben 8 ff.

well 80, 87
What ... like? 83 f.
what 95, 108, 116
when 108, 112 f., 116
when 95
where 108, 112 f., 116
whether 95
which 108, 112 f.
while, whilst 100, 102
who 108, 112, 116
whom 108, 112
whose 108, 112
why 108, 112 ff.
will 24 ff., 97, 98, 99
will-Future 17 f., 99
without 102
Wochentage 35
would 97, 99 f.

years ago 36 f.

Zeitangaben 35 ff.
Zeiten 9 ff.
    Anwendung der verschie-
        denen Zeiten 14 ff.
    einfache Gegenwartsform
        9
    einfache Vergangen-
        heitsform 10 f.
    einfache Zeitformen 9 ff.
    Future 13, 17

Future Progressive 18
going-to-Future 17 f. 99
Passiv 13, 19 f.
Past-Perfect 12, 17
Past-Progressive 12, 16
*Perfekt-Formen (Perfect
    Tenses)* 12 f.
Present-Perfect 12 f., 14 f.
Present-Progressive 12, 18
Progressive-Form 12
Simple Past 10 f., 15 f.
Simple Present 9, 14, 18,
    98
used to 13 f.
Verlaufsform (ing-Form) 12
will-Future 17 f. 99
Zukunft 13, 17
Zukunft in der
    Vergangenheit 18
zusammengesetzte Formen
    12 f.
Zukunft 13, 17 f.
    Zukunft in der
        Vergangenheit 18

EINFACH NACHSCHAUEN …

PONS SCHAU NACH – BLICK DURCH!
SCHULWORTSCHATZ NACH THEMEN ENGLISCH

Grund- und Aufbauwortschatz nachschlagen und lernen

- Rund 5.000 Vokabeln nach Themen und Situationen lernen
- Nach Lernjahren sortiert - für jedes Schuljahr die passende Auswahl
- Richtiges Anwenden der Wörter mit Hilfe vieler Beispielsätze
- Nützliche Informationen zu „falschen Freunden", Sprachgebrauch etc.
- Über das alphabetische Register schnell zum gesuchten Wort
- Mit IPA (Internationales Phonetisches Alphabet) für die korrekte Aussprache

Format: 15 x 21 cm. Rund 300 Seiten. Broschur.
ISBN: 978-3-12-**560796**-5

www.pons.de

... UND DURCHBLICKEN!

PONS SCHÜLERWÖRTERBUCH ENGLISCH MIT CD-ROM

Englisch-Deutsch/Deutsch- Englisch

- Der Wörterbuch-Klassiker für die Schule
- Rund 120.000 Stichwörter und Wendungen und über 160.000 Übersetzungen
- Schülerfreundliches Layout: schnell und einfach nachschlagen durch blaue Stichwörter
- Viele Infokästen zu Grammatik, Landeskunde und Sprachgebrauch
- Farbige Landkarten mit deutscher und französischer Beschriftung
- Viele Extras: Kurzgrammatik, Verbtabellen ...
- Sonderteil: Musterbriefe und E-Mails zu Themen wie Bewerbung, Brieffreundschaft und Schüleraustausch
- NEU: Infokästen zu „falschen Freunden" und Aussprache
- Mit elektronischem Wörterbuch zum Nachschlagen für PC, PDA und Smartphone
- Inklusive Drehscheibe "unregelmäßige Verben"
- Mit zugehörigem Online-Special: Mit Arbeitsblättern zum Download, Online-Vokabeltrainer für Schüler ... unter: www.pons.de/schuelerwoerterbuch

Format: 13 x 19,8 cm. Rund 1720 Seiten. Flexicover.
ISBN: 978-3-12-**517028**-5

www.pons.de